Karate im fortgeschrittenen Alter

Kerstin Witte & Peter Emmermacher

Kono-Verlag

Impressum:

Herausgeber
Kono-Verlag

Gestaltung
Kerstin Witte & Peter Emmermacher

Fotos
Kerstin Witte & Peter Emmermacher

Druck / Bezug
Kono-Verlag, Grönenberger Str. 7
49324 Melle
www. kono-verlag.de

ISBN 978-3-9804461-6-7

1. Auflage 2022

Printed in Germany

Vorwort

Liebe Leserinnen und Leser,

erlauben Sie uns, dass wir uns kurz vorstellen. Seit elf Jahren beschäftigen wir uns mit der Thematik Karate im fortgeschrittenen Alter, auch unter dem Aspekt der Sturzprophylaxe. Hierfür konnten wir in unserer Trainingsgruppe an der Otto-von-Guericke-Universität Magdeburg viele praktische Erfahrungen sammeln. Gleichzeitig sind wir aber auch Sportwissenschaftler, die sich mit Karate bezüglich vieler Problem- und Fragestellungen beschäftigen: altersgerechtes Karate, Leistungsdiagnostik im Wettkampfkarate, Bewegungsanalyse zur Technikdiagnostik, Antizipationsfähigkeit im Karate-Kumite und Einsatz virtueller Realität zum Trainieren der Reaktionsfähigkeit und dem Erlernen einer Karatetechnik. Einen weiteren Schwerpunkt stellt die Forschung zum Einfluss körperlicher Aktivität im Alter, auch bei Demenz, auf körperliche und geistige Fähigkeiten dar. 2012 erschien von uns ein Buch zum Thema „Bewegung einmal anders“, in dem wir ein moduliertes Trainingsprogramm zum Erlernen der Sportart Karate für die ältere Generation vorstellen. Seitdem sind einige Jahre vergangen, in denen wir viel Wissen und viele Erfahrungen sammeln konnten, die wir hiermit gern weitergeben.

Mit dem vorliegenden Buch möchten wir einen breiten Leserkreis ansprechen, dem die Frage wichtig ist, inwiefern Karate auch im fortgeschrittenen Alter erlernbar ist und welche Möglichkeiten diese Sportart zur Sturzprophylaxe bietet. Wir hoffen, insbesondere Trainer aus dem Kampfsport (speziell Karate) aber auch ältere Personen, die interessiert daran sind, sich mit der Sportart Karate zu beschäftigen, anzusprechen. Vielleicht können wir auch Vereinsvorsitzende dahingehend motivieren, zu überlegen, ob nicht für die ältere Generation ein spezielles Training unter Nutzung von Karatetechniken mit einer Ausrichtung auf die Sturzprophylaxe im Verein angeboten werden kann. Hierfür haben wir unsere praktischen Erfahrungen, theoretische Hintergründe, die man für die Durchführung derartiger Kurse benötigt, aber auch viele Übungen und Hinweise zusammengestellt.

Wir wünschen Ihnen viel Spaß bei der Lektüre und hoffen, dass dieses Buch viele Anregungen für Ihr Training bietet.

Kerstin Witte & Peter Emmermacher — Magdeburg, im Juli 2022

Inhaltsverzeichnis

1 Einleitung.. 7

2 Persönliche Erfahrungen.. 9

3 Zusammenfassung wissenschaftliche Untersuchungen zum Einfluss des Karatesports auf die Leistungsfähigkeit und Lebensqualität von älteren Menschen.. 15

4 Karatesport im Alter – Was ist zu berücksichtigen?.. 16
4.1 Körperliche Veränderungen im Alter.. 17
4.2 Sensorische Veränderungen im Altersprozess... 18
4.3 Kognitive Veränderungen im Alter.. 20
4.4 Körperliche Aktivität im Alter.. 21
4.5 Sturzprävention.. 22
4.6 Schlussfolgerungen für altersspezifische Karate-Trainingseinheiten.............. 23

5 Hinweise für das Erlernen und Trainieren der Heian-Katas.. 25
5.1 Heian Shodan und Heian Nidan... 26
5.2 Heian Sandan.. 31
5.3 Heian Yondan.. 34
5.4 Heian Godan... 38

6 Übungssammlung... 41
6.1 Einführung.. 41
6.2 Didaktisch-methodische Hinweise... 42
6.3 Allgemeine Übungen.. 44
6.4 Karatespezifische Übungen... 60
6.4.1 Stände... 60
6.4.2 Einzeltechniken.. 65

Literaturverzeichnis.. 74

1 Einleitung

Lassen Sie uns nachfolgend auf einige Fragen eingehen, die in Zusammenhang mit Karate im fortgeschrittenen Alter oft gestellt werden.

Warum Karatesport auch im fortgeschrittenen Alter?

Das „gesunde Altern“ ist ein sehr individuelles, aber auch ein gesellschaftliches Ziel, das die altersbedingten Defizite durch gesunde Ernährung sowie körperliche und geistige Aktivität zu vermindern sucht (Rensing und Rippe, 2014).

Als sportliche Betätigungen im Alter werden vorwiegend Ausdauersport wie Walking, Schwimmen und Radfahren empfohlen. Hierfür gibt es ausreichend viele Studien, die den gesundheitlichen Effekt bestätigen.

Wir gehen davon aus, dass aber auch das Neulernen von Bewegungen und die für Karate wichtigen Fähigkeiten der Bewegungskoordination und des Gleichgewichts sowie eine Muskelkräftigung auch für die ältere Generation fördernd sind. Man nennt dies auch multidimensionales Training. Damit könnte auch ein Beitrag zur Sturzprävention durch gezieltes Gleichgewichts-, allgemeines Koordinations- und Krafttraining geleistet werden. Wir wollen in diesem Buch der Frage nachgehen, wie man Karate trainieren kann, ohne blaue Flecken zu bekommen oder gar Gelenkschädigungen durch zu schnelle Bewegungen zu riskieren.

Was bedeutet Jukurenkarate?

Karate für ältere Menschen ist nicht unsere Erfindung. So ist auf der Internetseite (https://www.karate.de/de/verband/ressorts/jukuren.php, Zugriff: 07. 04. 2022) des Deutschen Karate Verbandes e.V. eine Konzeption zur sportlichen Betätigung von Älteren zu finden. Hier wird hervorgehoben, dass diese Sportart auf Grund ihrer vielfältigen Bewegungsstrukturen und auch lebensphilosophischer Hintergründe besonders auch für Menschen ab einem Alter von 35 Jahren geeignet ist. Doch wer sind eigentlich Jukuren? Es sind einerseits ehemalige oder noch aktive Karateka und andererseits Seniorinnen und Senioren ohne spezielle Sportvorerfahrung bzw. auch Quereinsteiger. Wir wollen uns hier auf die zweite Gruppe beziehen und damit auch Karate als Gesundheitssport verstehen, der besonders Sturzprophylaxe, die Verbesserung der allgemeinen Bewegungskoordination und Körperfitness sowie aber auch den Erhalt der kognitiven Fähigkeiten zum Ziel hat.

Wir werden uns in einem gesonderten Kapitel mit den altersbedingten Veränderungen des Menschen beschäftigen und daraus Schlussfolgerungen für ein Training mit Seniorinnen und Senioren ableiten, das sich von einem Anfängertraining mit Kindern und Jugendlichen grundsätzlich unterscheidet.

Sind Gürtelprüfungen wichtig?

Mit dem Wunsch auch einen Gi (traditionelle Bekleidung in den japanischen Kampfkünsten) mit farbigem Gürtel zu tragen, werden und wurden wir in unseren Kursen häufig konfrontiert. Zunächst ist festzustellen, dass unsere Zielstellung des Kennenlernens dieser Sportart als Gesundheitssport eine andere ist als die einer

„Karate-Karriere". Trotzdem ist es verständlich, dass die Teilnehmerinnen und Teilnehmer durch eine Prüfung ihr Selbstwertgefühl erhöhen und erfolgreich sein möchten. Jahnson (2019) spezifiziert diese Problematik dahingehend, dass jeder selbst entscheiden sollte, ob es der Farbgürtel ist, den man vielleicht den Enkeln präsentieren möchte oder ob eine gut gezeigte Technik und das Wissen darum mehr imponiert. Das führt auch zu dem Thema des offiziellen Prüfungsprogramms bspw. des Deutschen Karate Verbandes (DKV) oder des Deutschen JKA-Karate Bund (DJKB). Wird hier ein „Altersauge" zugedrückt oder kann der Prüfling auch ein Karate präsentieren, dass seinen altersbedingten Fähigkeiten entspricht (Jahnson, 2019)? Wir schließen uns dem Letzteren an und haben es auch so praktiziert. Es sind immer viele Wochen des Trainings ins Land gegangen, bevor eine offizielle Prüfung abgenommen werden konnte. Aber das war dann auch ein sehr wichtiger Höhepunkt für alle Kursteilnehmerinnen und Kursteilnehmer. Selbst wenn alles auf freiwilliger Basis und ohne Druck geschah, zeigte sich hier besonders der soziale Zusammenhalt.

Worin sollte sich unser altersgerechter Karatekurs von anderen Karatekursen unterscheiden?

Unser Karatekurs setzt folgende Akzente:

(1) Karatespezifische Elemente werden für Koordinations-, Gleichgewichts- und Kräftigungsübungen modifiziert, so dass eigenständige Übungen entstehen.
(2) Es werden unterschiedliche Lernformen für eine Kata angeboten.
(3) Das Grundschul-Kumite wird altersgerecht angepasst.
(4) Die Bedeutung einzelner Techniken wird individuell angepasst vermittelt.
(5) Das Thema Selbstverteidigung ist für Senioren ohne große sportliche Vorerfahrung kritisch zu hinterfragen und steht deshalb nicht im Vordergrund unseres Trainings.

Im vorliegenden Buch werden insbesondere die ersten beiden Aspekte behandelt.

Oft werden wir gefragt, ob auch ein Üben zu Hause möglich ist. Ja, darin bestärken wir unsere Seniorinnen und Senioren auch. Deshalb befindet sich am Ende des Buches auch ein Extrakapitel, das eine Reihe von Übungen enthält, die ohne viele Hilfsmittel und Raumbedarf in der Wohnung durchgeführt werden können.

2 Persönliche Erfahrungen

Wir, die Autoren dieses Buches, können seit ca. zehn Jahren Erfahrungen im Karatetraining mit älteren Menschen ohne Vorerfahrung sammeln. Begonnen hat dies 2011 mit einer Studie zum Einfluss eines altersspezifischen Karatetrainings auf motorische und kognitive Fähigkeiten. Die Ergebnisse sind in den entsprechenden wissenschaftlichen Publikationen zu finden und im Kapitel 3 kurz zusammengefasst. Nach Beendigung der Studie bestand der Wunsch der Mehrzahl der Teilnehmerinnen und Teilnehmer, dieses Karatetraining fortzuführen. So entstand an der Otto-von-Guericke-Universität Magdeburg im Rahmen des Seniorenstudiums „Studieren ab 50" der Kurs „Sturzprophylaxe durch altersgerechtes Karatetraining", der bis heute durchgeführt wird.

Angeregt durch unsere Kursteilnehmerinnen und Kursteilnehmer entstand ein erstes Buch „Bewegung einmal anders – Sturzprophylaxe sowie Erhalt und Verbesserung von Lern- und Gedächtnisleistungen im Alter durch ostasiatische Kampfkunst" (Emmermacher & Witte, 2012). Hier finden Trainer aber auch interessierte ältere Menschen Grundlagen zur Anwendung der Sportart Karate zur Sturzprophylaxe und den Erhalt kognitiver Fähigkeiten. Weiterhin werden aber auch Karate-Grundtechniken beschrieben und ein Vorschlag zum modularen Aufbau eines altersgerechten Karate-Kurses unterbreitet. Das Buch enthält für die Trainierenden einige Lernhilfen (bspw. für die Kata Taikyoku-Shodan), einen Abriss zur Geschichte des Karate und ein kleines Lexikon zu japanischen Trainingsbegriffen. Ergänzt wird das Ganze mit einigen Ausführungen zur Selbstbehauptung und Selbstverteidigung im Alter. Unsere Kursteilnehmerinnen und –teilnehmer nutzen das Buch, um zu Hause einige Begriffe und Bewegungstechniken nachzuschlagen.

Unser Kurs verfolgt keinen Leistungsgedanken. Aber seit ein paar Jahren gibt es immer wieder den Wunsch der Teilnehmerinnen und Teilnehmer eine Gürtelprüfung (DKV e.V.) abzulegen. Wir haben dem Wunsch entsprochen und es wurde fleißig und zielstrebig trainiert. Diese Prüfungen waren dann ein besonderer Höhepunkt. Nicht vergessen werden wir, dass einer der Teilnehmer an seinem 79. Geburtstag die Prüfung zum 7. Kyu erfolgreich bestand und seitdem gern und stolz seinen Orange-Gürtel trägt. Er ist weiterhin motiviert, nach der Corona-Krise die nächste Gürtelprüfung abzulegen. Das könnte nun zu der Frage führen, ob das Tragen eines Gis notwendig ist oder ob es sogar einen „Gruppenzwang" gibt. Dem ist nicht so. Jeder kann es halten, wie er möchte. Zum Training kommen „alte Hasen" genauso wie Anfänger in normaler Sportbekleidung, so wie es für jeden passend ist.

Wie in jeder Trainingsgruppe in einem Verein, haben auch wir eine bunte Mischung aus erfahreneren Teilnehmern und blutigen Anfängern. Aber wir konnten in den Jahren lernen, dass es in jeder Trainingsstunde Anforderungen gibt, die jeder meistern kann, aber auch Anforderungen, die von den mehrjährigen Teilnehmern auch nicht einfach zu bewältigen sind.

Eine Erfahrung, die wir gern weitergeben möchten, ist, dass das motorische Lernen mit zunehmendem Alter doch etwas anders funktioniert als bei jüngeren Menschen. Die physiologischen Hintergründe und trainingsmethodischen Ableitungen werden im nachkommenden Kapitel beschrieben. Im Mittelpunkt der Trainingseinheiten stehen Kihon-Techniken und deren Abwandlungen, Heian-Katas und deren Bedeutung. Gleichgewichts- und Kräftigungsübungen und auch einfache Kumite-Formen runden das Angebot ab. Häufiges Wiederholen mit unterschiedlichen Anforderungen bzw. unter verschiedenen Bedingungen ist besonders wichtig für unsere Teilnehmerinnen und Teilnehmer. So kann das Training sehr abwechslungsreich gestaltet und eine hohe Trainingseffizienz erzielt werden.

Eine besondere Herausforderung für unsere Seniorinnen und Senioren besteht bei der Ausführung der Techniken bzw. Technikkombinationen unter Zeitdruck. Hier sollten die Anforderungen nicht zu hoch sein, aber Wert auf den Bewegungsrhythmus gelegt werden. Das funktioniert aber nur, wenn auch die Bewegungen „verstanden" werden. Dies wird auch von Janson (2019) für das Karatetraining Ü50 betont. Hierbei gibt es natürlich unterschiedliche Vorgehensweisen: traditionell und alltagspraktisch. Deshalb bauen wir in unser Training möglichst viele einfache Bunkai-Varianten ein, die dann von allen ausprobiert werden. So kann dann auch individuell entschieden werden, ob eine Technik oder ein spezieller Ausweichschritt zu einem „passt".

Der Notwendigkeit des ständigen Übens und Wiederholens steht das Problem entgegen, dass die Kursteilnehmer bzw. Kursteilnehmerinnen verhindert sind oder durch Feiertage und Semesterferien die Veranstaltungen ausfallen müssen. Ein selbstständiges Trainieren zu Hause wurde von unseren Seniorinnen und Senioren nach eigener Aussage nur selten durchgeführt, da sie sich nicht sicher waren, ob ihre Bewegungstechniken richtig sind.

Zum Abschluss soll noch einmal hervorgehoben werden, dass uns das Trainieren mit der älteren Generation immer viel Freude bereitet und dass die erforderliche Geduld durch die Fortschritte der Teilnehmerinnen und Teilnehmer, das soziale Zusammengehörigkeitsgefühl und das immer freundliche Miteinander belohnt wird. Diese Erfahrungen sollten auch weiterhin viele Trainier und Trainerinnen in den Vereinen ermuntern, ähnliche Gruppen zu bilden.

Befragung unserer Trainingsgruppe

Um detailliertere Hintergründe zum Trainieren in unserer Gruppe zu erhalten, führten wir eine anonymisierte Befragung der Teilnehmerinnen und Teilnehmer durch. Nachfolgend stellen wir, ohne den Anspruch einer statistischen Analyse gerecht werden zu wollen, die Ergebnisse zusammen.

Unsere Gruppe besteht aktuell aus neun Frauen und zwölf Männern im Alter von 65 bis 80 Jahren (mittleres Alter: 71 Jahre). Im Durchschnitt sind sie seit fünf Jahren (von einem Jahr bis neun Jahre) dabei. Bis auf zwei Ausnahmen gab es in den letzten 12 Monaten keinen Sturz. Als häufigste gesundheitliche Beeinträchtigungen wurden einmal ein behandelter Bluthochdruck, aber auch behandelte Diabeteserkrankungen sowie Gelenkerkrankungen bzw. -beeinträchtigungen genannt. Die meisten Teilnehmer waren in der Jugend sportlich aktiv, aber kaum im älteren

Erwachsenenalter bis zum Eintritt in den Ruhestand. Die Mehrzahl gab zum Befragungszeitpunkt an, regelmäßig zu Hause oder im Fitnessstudio zu trainieren.

Tab. 2.1: Motive der Teilnehmerinnen und Teilnehmer bezüglich der verschiedenen Trainingsinhalte. Wertung: +++ (für fast alle Teilnehmer wichtig), ++ (für die überwiegende Mehrheit wichtig), + (für die Mehrheit wichtig), 0 (für die Wenigsten wichtig)

Begründung	**Wertung**
Kräftigungsübungen	
• Ich würde sie allein zu Hause nicht machen, aber der „Gruppenzwang“ hilft mir.	+++
• Weil sie für mich wichtig sind.	++
• Weil ich mich hinterher gut fühle.	++
• Es gibt immer wieder neue Übungen.	++
Gleichgewichtsübungen	
• Weil ich mich hinterher gut fühle.	+
• Weil sie für mich wichtig sind.	+++
• Weil ich langsam besser werde.	++
• Weil sie besonders Spaß in der Gruppe machen.	+
• Es gibt Anregungen auch zu Hause zu üben.	+
• Es gibt immer wieder neue Übungen.	+
Kihon (Grundschule)	
• Es macht mir Freude, wenn mir die Techniken möglichst gut gelingen.	+++
• Langsam wird meine Bewegungsausführung besser.	+++
• Viele Wiederholungen helfen mir, die Techniken besser ausführen zu können.	+++
• Ich habe das Gefühl, so Karate besonders gut zu lernen bzw. zu trainieren.	+++
• Ich bekomme viel Feedback, welches ich zu Hause nicht hätte.	+
• Da alle gleichermaßen mitmachen, macht es besonders Spaß	0
• Mir ist die Grundschule in Bezug auf meine nächste Gürtelprüfung wichtig.	0
Kata	
• Langsam erkenne ich Fortschritte.	+++
• Die Kata stellt für mich eine besondere Herausforderung dar, der ich mich gern stelle.	++
• In der Kata wird mir die Bedeutung des Karates besonders deutlich.	++

• Es macht mir Freude, wenn ich den Ablauf der Kata gelernt habe.	++
• Das gegenseitige Helfen ist für mich besonders wichtig.	++
Anwendungen der Techniken	
• Die Anwendungen erhöhen das Verständnis der Techniken.	+++
• Ich habe das Gefühl, so Karate besonders gut zu lernen bzw. zu trainieren.	++
• Ich lerne so die einzelnen Bewegungstechniken besser.	++
• Das Üben mit einem Partner macht mir besonders Spaß.	+
Allgemeine Partnerübungen	
• Ich tausche mich mit dem Partner gern aus und lerne dabei auch.	+++
• Das Üben mit einem Partner macht mir besonders Spaß.	++
• Ich bemerke, dass mein Reaktionsvermögen trainiert wird.	++
Kihon-Kumite	
• Ich lerne so die Bedeutung der einzelnen Bewegungstechniken besser kennen.	+++
• Ich bemerke, dass mein Reaktionsvermögen trainiert wird.	+++
• Ich habe das Gefühl so Karate besonders gut zu lernen bzw. zu trainieren.	+
• Das Ausprobieren macht mir besonders Spaß.	+
• Das Üben mit einem Partner macht mir besonders Spaß.	+
• Das Üben mit verschiedenen Partnern erhöht die Stabilität meiner Bewegungsausführung.	+

Als Erwartungen an den Kurs wurden folgende Aspekte (abwärts gewichtet) genannt:

- Verbesserung der eigenen Fitness,
- Kennenlernen einer neuen Sportart,
- Verbesserung des allgemeinen Gesundheitszustandes,
- Verringerung des Sturzrisikos,
- Erhöhung der sozialen Kontakte und
- Erlernen von Selbstverteidigungstechniken.

Selbst wenn wir wissen, dass diese kleine Erhebung nicht repräsentativ ist, lassen sich doch einige Schlussfolgerungen daraus ziehen:

- Die verschiedenen Bestandteile des Karate (Kihon, Kata, Kumite) können auch im fortgeschrittenen Alter trainiert werden. Jeder Bereich stellt an die Übenden eine besondere Herausforderung dar, welche jedoch altersgerecht gemeistert werden kann.

- Häufiges Wiederholen mit vielen Variationen sind den Teilnehmerinnen und Teilnehmern besonders wichtig. Auch das sonst in anderen Kursen oft als langweilig empfundene Kihon stellt in unserem Kurs kein Problem dar. Wichtig sind Feedback und die individuelle Förderung.
- Gesundheit und Verbesserung der Fitness stehen im Vordergrund. So sind Gleichgewichtstraining und Kräftigungsübungen besondere Schwerpunkte dieses Kurses.
- Der Leistungsgedanke bezieht sich weniger auf Gürtelprüfungen als auf das Erkennen der eigenen Fortschritte.
- Partnerübungen werden gern durchgeführt. Dabei sind auch die sozialen Interaktionen, wie das gegenseitige Unterstützen, sehr wichtig.
- Für das Verstehen der Techniken helfen Anwendungen, die die Bedeutung der Techniken demonstrieren.
- Obwohl Katas besonders gern „gelaufen" werden, muss der Ablauf sehr oft wiederholt werden. Der Kursleiter kann nicht davon ausgehen, dass zu Hause geübt wird. Hausaufgaben werden auch in den anderen Bereichen (Kräftigungs- und Gleichgewichtsaufgaben) von den wenigsten wahrgenommen. Spezielles Übungs- und Anleitungsmaterial, wie wir es auch in diesem Buch vorstellen, könnten auch für das Üben zu Hause motivierend wirken.

Persönliche Meinungen einiger Kursteilnehmerinnen und Kursteilnehmer

Zum Schluss sollen unsere Teilnehmerinnen und Teilnehmer persönlich zu Wort kommen. In Bezug auf die Frage, warum sie regelmäßig in den Kurs „Sturzprophylaxe durch altersgerechtes Karatetraining" kommen, haben wir folgende Antworten erhalten.

„Für mich ist es wichtig, dass ich meine körperliche und geistige Fitness durch dieses Training erhalten und verbessern kann. Durch dieses Training wird meine Beweglichkeit im Alltag verbessert und erhöht meine Selbstsicherheit. Es macht Spaß mit dieser Gruppe und diesen Trainern an diesen Trainingsstunden teilzunehmen." (Christine)

„Ich möchte bis ins hohe Alter körperlich und geistig fit bleiben. Ich glaube, dass mir das Karatetraining dabei sehr gut helfen kann. Insbesondere, weil sehr viele unterschiedliche Gelenke und Muskelgruppen angesprochen werden und zum anderen, weil die zum Teil komplexen Abläufe die Koordination und die flexible Reaktions- und Anpassungsfähigkeit trainieren." (Axel)

„Für mich ist es wichtig, etwas gegen das Altern zu tun und auch mit über 80 Jahren so gut wie möglich die Fitness zu erhalten. Dieser Kurs ist dabei ein idealer Helfer und macht obendrein noch Spaß und fördert soziale Kontakte." (Ulrich)

„Ab dem Jahre 2012 habe ich bis zu meiner Krankheit im Jahre 2018 regelmäßig teilgenommen und es hat mir immer sehr viel Freude gemacht und ich glaube, ich hatte auch immer gute Fortschritte gezeigt." (Eberhard)

„Es werden Muskelgruppen trainiert, die sonst selten zum Einsatz kommen." (anonym)

„Sport hat in meinem Leben schon immer eine große Rolle gespielt. Da ich mit 60 Jahren mit dem Fußball aufgehört habe, fehlte da aber im gewohnten Ablauf plötzlich ein Baustein. Da fand ich es logisch, das Bedürfnis nach Bewegung mit einer altersgerechten Möglichkeit zur Vermeidung von möglichen Sturzschäden zu kombinieren." (Peter)

„In meinem Alter konnte ich durch diesen Kurs zumindest mit Karate beginnen. Ich finde diesen Sport toll." (Petra)

„Nachdem ich seit 2009 beim Seniorenstudium ...... dabei war, kam mir nach einigen Jahren doch mehr und mehr die Erkenntnis, dass man nun mit 70 Jahren endlich mehr für die körperliche Fitness tun sollte. ...... fiel mir das Karatetraining positiv auf. Ich sah die Kombination aus körperlicher Fitness und geistiger Verarbeitung der einzelnen Abläufe als gute Kombination. Und das hat sich dann auch beim Training voll bestätigt. Ich sehe, dass man mit der Zeit immer beweglicher wird, mehr Kondition besitzt und auch die Übungen immer besser nachvollziehen kann." (anonym)

„Das Training macht mir viel Spaß. Durch die zeitliche Terminvorgabe werde ich gezwungen mich zu bewegen. Da das gesamte Training mir viel Freude macht, warte ich immer darauf hinzugehen. Außerdem habe ich zu den anderen Sportfreunden persönliche Kontakte, die sonst so nicht wären." (Klaus)

„Erlernen einer neuen Sportart - ungewohnte Ganzkörperbewegungen, Schulung von Gleichgewicht, Muskelkräftigung, besonders der Beinmuskeln, Orientierung im Raum, Gedächtnistraining, Aufmerksamkeitstraining durch die komplexen Arm- und Beinbewegungen, Reaktionsfähigkeit durch Partnerübungen, Verbesserung von Ausdauer, Schulung der Koordination und Kognition." (Margit)

Eine weitere Frage, die wir unseren Teilnehmerinnen und Teilnehmern stellten, war: Über welche positiven körperlichen oder kognitiven Veränderungen kannst Du berichten?

„Mein Gleichgewichtssinn (beim Stehen auf einem Bein) hat sich etwas verbessert. Ebenso denke ich, jetzt ein besseres Gefühl für einen festen Stand zu haben (z.B. beim Unkrautziehen im Garten, wo man mit wenigen Trittstellen eine möglichst große Fläche erreichen möchte)." (Axel)

„Ab dem Jahre 2019 versuche ich nun wieder (nach einem Schlaganfall – d. Red.) an meine alte Form heranzukommen. Ob es mir gelingt, kann ich noch nicht sagen, auf alle Fälle sehe ich schon Fortschritte." (Eberhard)

„Man fühlt sich selbstsicherer und beweglicher.“ (anonym)

„Das Balance-/Gleichgewichtsempfinden hat sich merklich verbessert, dies macht sich z.B. beim Anziehen der Strümpfe oder auch beim Waschen der Füße unter der Dusche bemerkbar“ (Peter)

„Insbesondere bin ich körperlich fitter geworden. Das merke ich besonders bei „Gleichgewichtsübungen“ im täglichen Leben. Weiterhin bin ich mir sicher, dass durch das mehrjährige Karatetraining die Sturzprophylaxe wesentlich verbessert wurde, hatte aber zum Glück noch keine Gelegenheit das auszuprobieren.“ (anonym)

„Der Körper wird geistig und kräftemäßig gefordert.“ (Klaus)

„Knie- und Hüftbeschwerden, die unregelmäßig auftraten, verbesserten sich durch die Gleichgewichts- und Kräftigungsübungen besonders der Beinmuskeln. Es treten keine Beschwerden mehr auf. Ich habe mehr bewusste Aufmerksamkeit auf meine Körperhaltung während des Alltags. Verbesserung der Merkfähigkeit: Erlernen neuer Karatetechniken und Katas fällt leichter als zu Beginn des Karatetrainings.“ (Margit)

3 Zusammenfassung wissenschaftlicher Untersuchungen zum Einfluss des Karatesports auf die Leistungsfähigkeit und Lebensqualität von älteren Menschen

Kampfsport ist durch sein ganzheitliches Training besonders geeignet, Kraftfähigkeiten, Schnelligkeit, Ausdauer und Koordination zu verbessern. Insbesondere gibt es eine Vielzahl von Studien zum Tai-Chi, die belegen, dass durch dieses Training, Gleichgewicht, Gangbild und die Dual-Task-Fähigkeit (gleichzeitiges Ausführen einer körperlichen Aktivität, z.B.: Gehen, und einer geistigen Aufgabe, z. B. Rechnen) von älteren Menschen verbessert werden (Huang & Liu, 2015; Li, 2014).

Daraus ließe sich schlussfolgern, dass auch durch Karate, wenn es altersgemäß angepasst werden würde, ähnliche Effekte erzielt werden könnten. Wagner (2009) führte mit Personen im Alter von 50 bis 60 Jahren ein sechsmonatiges Karatetraining durch. Im Vergleich zu einer Kontrollgruppe konnten das Sturzrisiko gesenkt sowie die kognitive Leistungsfähigkeit und die Lebensqualität verbessert werden. In einer eigenen Studie wurde ein altersgerechtes Karatetraining zweimal wöchentlich (jeweils 60 min) mit Männern und Frauen in einem mittleren Alter von 70 Jahren durchgeführt. Nach fünf Monaten verbesserten sich die Kraftfähigkeit der unteren Extremitäten, die Ganggeschwindigkeit und das dynamische Gleichgewicht. Der Effekt verstärkte sich nach weiterem fünfmonatigen Training, wobei sich auch das statische Gleichgewicht verbesserte (Witte, Emmermacher & Pliske, 2017). Ebenso erhöhte sich die Ganggeschwindigkeit und die Gangstabilität bei Dual-Task-Anforderung (Pliske, Emmermacher, Weinbeer und Witte, 2016, Pliske, Emmermacher, Bandow, Piatek, Weinbeer und Witte, 2017). Betrachtet man die kognitive Leistungsfähigkeit, wurden in dieser Studie Verbesserungen des Reaktionsvermögens, der allgemeinen kognitiven Leistung und der Aufmerksamkeit gefunden. Auch hier ist anzumerken, dass das Training möglichst länger als fünf Monate dauern sollte (Witte, Kropf, Darius, Emmermacher, & Böckelmann, 2016). Allerdings wurden diese kognitiven Verbesserungen nicht in einer früheren Karatestudie von Jansen & Dahmen-Zimmer (2012) gefunden, jedoch konnten die Autoren ein erhöhtes Wohlbefinden konstatieren. Diese anscheinend konträren Befunde können eventuell auf die sehr kleine von Jensen & Dahmen-Zimmer (2012) untersuchte Gruppe, welche auch nur einmal pro Woche trainierte, zurückzuführen sein. In einer späteren Studie (Dahmen & Zimmer, 2017) wurden für Parkinson-Patienten nach einem Karate-Training vergleichbare Ergebnisse bezüglich der Verbesserung des Gleichgewichts gefunden wie bei einem Tanz-Training. Wir stützen uns auf die Aussage von Neumann (2015) zur Notwendigkeit von Trainings-Interventionen, auch unter Nutzung der Sportart Karate, bei flächendeckenden Interventionen von geriatrischen Patienten zur Verbesserung der Lebensqualität.

Weiterhin wollen wir uns auf der Basis unserer Studienergebnisse aber auf ältere Menschen beziehen, die am Ende ihrer beruflichen Karriere besonders etwas für Körper und Geist tun wollen. Denkbar sind die vorliegenden Anregungen auch für Interessierte, die gerade aus dem Berufsleben ausgeschieden sind und deren gesundheitlichen Einschränkungen gering genug sind, um ein selbstständiges Leben führen zu können.

4 Karatesport im Alter – Was ist zu berücksichtigen?

In einer Vielzahl von Sportvereinen, in denen Karate trainiert wird, besteht auch für Seniorinnen und Senioren die Möglichkeit, diese interessante Sportart zu praktizieren. Solche Kurse sind für ältere Menschen konzipiert, welche die Sportart Karate oder bestimmte Inhalte daraus kennenlernen oder auch nur ihre körperliche und geistige Fitness verbessern möchten. Diese Kurse unterscheiden sich zu Kursen für Jukuren (übersetzt: Erfahrene) dadurch, dass Jukuren bereits über eine Vorerfahrung im Karatesport verfügen (vgl. Nöpel und Nienhaus, 2009).

Unser Buch wendet sich an einen Interessentenkreis, welcher Kampfsport explizit mit einer Sturzprophylaxe verbinden möchte.

Zunächst soll hervorgehoben werden, dass ein derartiger Karate-Kurs für ältere Menschen (ab ca. 55 Jahre) nicht gleichzusetzen ist mit einem Einsteigerkurs für Kinder oder Jugendliche.

Wir verfolgen zwei Ziele mit unseren Übungsangeboten:

- Anwenden von Elementen aus dem Karate zum Erhalt bzw. zur Verbesserung der motorischen Leistungsfähigkeit, insbesondere um das Sturzrisiko zu verringern und
- Vertrautmachen mit der Sportart Karate.

Um diese Zielstellungen realisieren zu können, ist es zunächst wichtig sich damit zu beschäftigen, was das Älterwerden aus kognitiver und motorischer Sicht bedeutet.

Daraus sollen die notwendigen Schlussfolgerungen für ein altersspezifisches Karatetraining gezogen werden.

Das Altern oder die Alterung ist ein komplexer Prozess, der alle Ebenen des Lebens eines Menschen betrifft und sowohl biologische, psychische als auch soziale Komponenten aufweist. Alle Zellen und Organe eines Organismus unterliegen altersabhängigen Veränderungen, die im Wesentlichen durch eine Erhöhung der Stressanfälligkeit und eine eingeschränkte funktionale Reserve charakterisiert sind. Aus diesen Einschränkungen können sich oft im Laufe von Jahrzehnten altersassoziierte Erkrankungen herausbilden. Lebensstil und Ernährung beeinflussen die Alterung maßgeblich und sowohl beschleunigen, als auch verzögern (vgl. Grune, 2014). Das bedeutet, dass die Gruppe der älteren Menschen sehr inhomogen ist, weil sich die Menschen durch ihren Lebensstil, körperliche Aktivität und ihre Ernährung in der Vergangenheit unterscheiden. Gerade diese Faktoren beeinflussen den Gesundheitszustand zum jeweils aktuellen Zeitpunkt (vgl. Grune, 2014; Rensing und Rippe, 2014).

4.1 Körperliche Veränderungen im Alter

Durch den Alterungsprozess sind auch physische Funktionen betroffen, die ebenfalls für das psychologische Altern und das Altern des Gehirns sowie seiner Funktionen relevant sind (vgl. Godde, Voelcker-Rehage und Olk, 2016). Dies betrifft insbesondere sensorische Funktionen, motorische Funktionen (z.B.: Haltungs- und Bewegungsapparat, Gleichgewicht, Gang und Feinmotorik) und das Herz-Kreislauf-System.

Die Tab. 4.1 enthält die für den Alterssport zu berücksichtigenden wesentlichen physiologischen Veränderungen der einzelnen Komponenten des Bewegungsapparates.

Im Alter nehmen die Knorpelsubstanz und die gesamte Knochenmasse mit der Gefahr von Arthrose und Osteoporose ab. Somit besteht ein erhöhtes Bruchrisiko der Knochen. Osteoporose ist eine der häufigsten Alterskrankheiten, welche vorbeugend und akut durch Ernährung mit Calcium- bzw. Vitamin-D-haltigen Nahrungsmitteln (Fischöle) behandelt werden kann (vgl. Rensing und Rippe, 2014). Generell reduzieren sich Muskelmasse als auch die Kontraktionsfähigkeit.

Bezüglich der Alterungsprozesse der Muskulatur verringert sich die Muskelmasse der Beine mehr als die der Arme. Auch ist die phasische Muskulatur (Bewegungsfunktion) mehr als die tonische Muskulatur (Haltefunktion) betroffen (vgl. Rensing und Rippe, 2014).

Tab.4.1: Physiologische Veränderungen des Bewegungsapparates und deren Auswirkungen (modifiziert und zusammengefasst nach Richter, Greiff und Weidemann-Wendt, 2017)

	Physiologische Veränderungen	**Auswirkungen**
Knochen	• Veränderungen der Osteoblastenaktivität • Abnahme der Vitamin-D3-Konzentration und der Kalziumresorption	• Abnahme der Knochen-masse • Erhöhung des Knochenbruch-Risikos
Knorpel, Sehnen, Bänder, Gelenke, Bandscheiben	• Abnahme der Grundsubstanz, Wasserbindungsfähigkeit, Zellanzahl, Zellaktivität, Volumen und Elastizität	• Verschleiß, Instabilitäten • Bewegungseinschränkungen • Abnahme der Körpergröße • Abnahme der Heilungs- und Regenerationsfähigkeit
Muskulatur	• Verringerung der Muskelmasse • Erhöhung des Fettgewebes • Verringerung der Anzahl und der Größe der Muskelfasern • Abnahme der Leitungsgeschwindigkeit der Nervenimpulse und der Kapillardicke in der Muskulatur	• Zunehmende Muskelschwäche mit Kraft- und Ausdauerverlust • Abnahme der Koordinations- und Stabilisierungsfähigkeit • Verminderte Regenerationsfähigkeit • Verletzungsanfälligkeit insbesondere bei exzentrischen Aktivitäten

4.2 Sensorische Veränderungen im Altersprozess

Betrachten wir zunächst das sensomotorische System insgesamt. Entsprechend des Namens ist das sensomotorische System für das Zusammenspiel aller sensorischen und motorischen Funktionen verantwortlich, d.h. dass die Steuerung und Kontrolle der Bewegungen unter Einbeziehung der Sinnesrückmeldungen stattfindet. Tab. 4.2 zeigt Alterungsprozesse des sensomotorischen Systems.

Betrachten wir nun die einzelnen, für den Sport wichtigen, Sinneswahrnehmungen etwas näher. Bekanntermaßen erhält der Mensch ca. 80 % der Informationen über das Auge. Mit zunehmendem Alter erhöht sich dieser Wert noch etwas. Das visuelle System ist ebenfalls von einigen physiologischen Alterungsprozessen betroffen. Daraus ergeben sich Verschlechterungen in den allgemeinen Sehparametern, aber auch Aspekte, die sich auf das sportliche Training auswirken: Einschränkung des Gesichtsfeldes, Erschwerung der räumlichen Orientierungsfähigkeit, Verlangsamung des Sehprozesses, Erschwerung der Orientierung in komplexen Situationen.

Tab.4.2: Veränderungen im Alter des sensomotorischen Systems und deren Auswirkungen (modifiziert und zusammengefasst nach Richter, Greiff und Weidemann-Wendt, 2017)

Physiologische Veränderungen	Auswirkungen
• Verringerung der Anzahl und der Sensibilität der einzelnen Rezeptoren • Verringerung der Leitungsgeschwindigkeit sensibler und motorischer Neuronen • Verringerung der Reizverarbeitung • Abnahme der vestibulären Funktionen	• Quantitative und qualitative Abnahme der funktionellen Leistungsfähigkeit des Systems • Verschlechterung der posturalen Kontrolle (Sturzrisiko) • Verringerung der Hautsensibilität • Verzögertes Erkennen der Gelenkstellung und –bewegung • Erschweren des sensomotorischen Lernens • Verschlechterung der Feinmotorik • Verringerung der Bewegungsgeschwindigkeit

Ergänzend muss hinzugefügt werden, dass etwas über 10 % aller Sinneswahrnehmungen über das akustische System erfolgen. Degenerative Veränderungen, z.B. durch den Alterungsprozess, konnten für den Bereich des Innenohres und der zentralen Hörbahn nachgewiesen werden (vgl. Richter et al., 2017). Selbst mit technologisch hochwertigen Hörgeräten kann ein Hörverlust nicht vollständig ausgeglichen werden, insbesondere wenn eine Geräuschkulisse vorhanden ist. Dies ist bspw. der Fall, wenn zum Üben Musik verwendet wird und parallel den Anweisungen des Trainers zu folgen ist. Des Weiteren ist auch das Sprachverständnis in solchen Situationen erschwert.

Das somatosensorische System liefert Informationen zur Körperwahrnehmung über viele verschiedene Rezeptortypen, die über den ganzen Körper verteilt sind (vgl. Richter et al., 2017) und unterschiedliche Funktionen (z.B. Wärmeempfinden) haben. Im Sport kommt den sogenannten Propriozeptoren eine besondere Bedeutung zu. Sie dienen der Wahrnehmung von Lage und Bewegung des Körpers und einzelner Körpersegmente im Raum. Durch sie können Muskelspannung, Muskellänge sowie Gelenkstellungen wahrgenommen werden.

Das vestibuläre System ist zur Aufrechterhaltung des Gleichgewichts bei allen Körperhaltungen und Bewegungen von besonderer Wichtigkeit. Als Folge durch die im Alter verminderte Reizverarbeitung und Reizweiterleitung sowie der Abnahme der vestibulären Nervenzellen und Synapsenfunktionen entstehen Schwindel sowie Defizite in der räumlichen Orientierung und Gleichgewichtsprobleme allgemein. Vestibuläre Defizite werden dabei vermehrt visuell kompensiert.

4.3 Kognitive Veränderungen im Alter

Unter Kognition wird im Allgemeinen das höhere und komplexe Denken verstanden. Dazu gehören insbesondere Wahrnehmung, Erkennen, Verstehen, Aufmerksamkeit, Erinnern sowie Sprachproduktion und Spracherkennung.

Degenerationsprozesse des Nervensystems sind nicht immer Alterungsprozessen zuzuschreiben, sondern, genau wie bspw. bei einer nichttrainierten Muskulatur, auch einer verringerten Beanspruchung, die unter Umständen aus dem Wegfall der beruflichen Tätigkeit resultieren kann.

Altersveränderungen betreffen Fehlfunktionen bzw. Ausfälle, bspw. von Neuronen und deren Verbindungen, wodurch entsprechende Leistungseinbußen resultieren. Auch das Gehirnvolumen nimmt im Alter stärker ab (vgl. Godde et al., 2016). Daraus ergeben sich verminderte Lern- und Gedächtnisleistungen und eine verringerte Leistungsfähigkeit bei kognitiven, motorischen und sensorischen Aufgaben (vgl. Godde et al., 2016). Eine verringerte Regenerationsfähigkeit ist ebenfalls feststellbar.

Teile des Gehirns altern jedoch unterschiedlich. So sind vom Alterungsprozess insbesondere die folgenden Areale betroffen (vgl. Witte, 2018b):

- die Basalganglien (liegen in tiefen Bereichen des Gehirns und realisieren durch ihre weitläufige Vernetzung gezielte willkürliche Bewegungen),
- das Kleinhirn (spielt eine wichtige Rolle im motorischen Lernprozess, insbesondere für die Bewegungskoordination),
- der Hippocampus (wichtig für die Weiterleitung von Informationen aus dem Kurzzeit- in das Langzeitgedächtnis) und
- der präfrontale Cortex (wichtig für situationsangemessene Handlungssteuerung).

Einbußen beim Arbeitsgedächtnis mit zunehmendem Alter bedeuten, dass Informationen verlangsamt verarbeitet werden und das Gehirn weniger effizient arbeitet. Somit verschlechtern sich das Einprägen und das Abrufen von Informationen. Auch die inhibatorische Kontrolle (Hemmung bzw. Kontrolle von automatischen Reaktionen auf Reize) nimmt im Alter ab. Dadurch gelangen irrelevante Informationen zuungunsten von relevanten Informationen eher ins Arbeitsgedächtnis. Weiterhin werden sogenannte „überlernte“ Reaktionen schlechter gehemmt, so dass in einer konkreten Situation nicht die adäquate Bewegung „ausgewählt“ wird (vgl. Godde et al., 2016).

Betrachtet man die Intelligenz als allgemeinen Sammelbegriff für die kognitive Leistungsfähigkeit, ist zwischen fluider Intelligenz (Fähigkeit des logischen Denkens) und kristalliner Intelligenz (Faktenwissen, Wortschatz, erlernte Verhaltensweisen und Fertigkeiten) zu unterscheiden. Während die fluide Intelligenz im Alter rückläufig ist, bleibt die kristalline Intelligenz stabil.

Festzustellen ist, dass in Bezug auf das Gehirn viele strukturelle und funktionelle Veränderungen im Alterungsprozess stattfinden (vgl. Kolassa et al. 2010). Dabei sind neuroplastische Veränderungen von besonderer Bedeutung. Sie sind notwendig, damit sich der ältere Mensch an veränderte sensorische Gegebenheiten (bspw. schlechtere Seh- und Hörleistungen) anpassen kann. Auf Grund der Neuroplastizität können strukturelle und funktionelle Einbußen im Alter kompensiert werden. Bspw.

können gesunde Teile des Gehirns die Aufgaben von geschädigten Teilen übernehmen. Damit ist auch das alternde Gehirn in der Lage weiterhin zu lernen. Auch im Alter existieren vielfältige Interventionen, die den Altersprozess verzögern und die kognitiven Funktionen erhalten können (vgl.Godde et al., 2016). Generell lassen sich auch kognitive Fähigkeiten trainieren. Positive Befunde gab es bei einem Gedächtnistraining, aber auch ein sechswöchiges Jongliertraining führte zu strukturellen Veränderungen im Gehirn (vgl. Godde et al., 206).

Nachfolgend sind ausgewählte Symptome, die das Sportreiben älterer Menschen betreffen und im Training zu berücksichtigen sind, aufgeführt (mod. nach Richter et al., 2017):

- Verlangsamtes Reagieren insbesondere auch auf neue Situationen,
- Verzögerung von Anpassungsprozessen beim Training,
- Verzögerung von Lernprozessen,
- Verlangsamtes Ausführen von komplexen (Bewegungs-)Aufgaben, für die die Koordination mehrerer Teilbewegungen notwendig ist,
- Schnellere kognitive Überforderung,
- Probleme beim Abruf persönlicher Erfahrungen,
- Verlangsamte Verarbeitung von verbalen Informationen,
- Erschwertes Einprägen und Abrufen von Informationen,
- Abnahme der inhibatorischen Kontrolle.

4.4 Körperliche Aktivität im Alter

Es ist hinreichend belegt, dass sich körperliche Aktivität positiv auf den Alterungsprozess auswirkt und damit die Chance auf Selbstständigkeit im Alter erhöht (vgl. Witte, 2018).

Körperliche Aktivität verbessert die zerebrale Durchblutung und stimuliert möglicherweise auch die Bildung neuer Neuronen und neuronaler Verbindungen, wodurch sich scheinbar auch demenzielle Prozesse verlangsamen (Kolassa et al. 2010). So wird durch viele Studien (z.B. Chase 2013) ein robuster Zusammenhang zwischen körperlichem Fitnesstraining und kognitiver Leistungsfähigkeit belegt. Es konnte außerdem gezeigt werden, dass sich aerobe körperliche Aktivität sowohl auf die funktionelle Hirnaktivität als auch auf die Hirnstruktur auswirkt. So führte ein sechsmonatiges aerobes Training zu einer Zunahme sowohl der grauen als auch der weißen Substanz des Gehirnvolumens, besonders jedoch im Präfontal- und Temporalkortex (Colcombe et al. 2006).

Auch in Bezug zu koordinativen Fähigkeiten ist bekannt, dass deren Nichttrainieren den biologisch verursachten Leistungsabbau im Alter verstärkt. Dagegen kann koordinatives Üben dem Leistungsabbau entgegenwirken (vgl. Tischer et al. 2011).

Daraus ergeben sich im Allgemeinen folgende Empfehlungen von körperlichen Aktivitäten für ältere Menschen: Walking, Radfahren, freie Übungen mit Gewichten, Dehnung, Yoga, Pilates und Gleichgewichtstraining. Wie im Kapitel 3 beschrieben, gibt es aber hinreichende Belege dafür, dass auch ein altersgerechtes Karatetraining für ältere Menschen zu empfehlen ist. Karate bedeutet jedoch, dass die einzelnen Techniken, Handlungsabläufe im Kihon-Kumite und ggf. auch eine Kata neu gelernt werden müssen. Das führt zu der Frage:

Kann man im Alter noch lernen?

Aus den Kognitionswissenschaften und den eigenen Erfahrungen ist bekannt, dass ältere Menschen im Allgemeinen langsamer lernen und dadurch mehr „Lerndurchgänge" benötigen (vgl. Godde et al., 2016).

Das motorische Lernen hat generell aber auch im Alter große Bedeutung. Einerseits ist dem Erhalt motorischer Fertigkeiten Aufmerksamkeit zu widmen, um möglichst lange die Selbstständigkeit im Alter zu ermöglichen (vgl. Brach und Schott, 2003). Andererseits ist aber auch das Neulernen (s.a. Neuroplastizität im Kap. 4.3) möglich und unter verschiedenen Aspekten (Motivation etwas Neues auszuprobieren, Setzen von neuen Reizen) wichtig. Der Erfolg des Neulernens ist allerdings von Vorerfahrungen und dem motorischen Leistungsniveau abhängig. Neulernen muss nicht unbedingt das Erlernen von neuen Bewegungstechniken bedeuten, sondern bezieht sich auch auf die Verbesserung von Bewegungsgeschwindigkeit und Präzision (vgl. Tischer et al., 2011). Beides ist insbesondere auch für den Karatesport von großer Bedeutung und muss bei der Vermittlung von Karatetechniken berücksichtigt werden.

4.5 Sturzprävention

Es ist bekannt, dass sich das Sturzrisiko im Alter deutlich erhöht. So stürzen 30 % der über 64-Jährigen einmal pro Jahr. Während dieses Risiko mit 27 % für Menschen, die noch allein zu Hause leben, angegeben wird, erhöht sich das Risiko auf 50 % für Bewohner von Pflegeeinrichtungen (Pohlmann, 2016).

Die Ursache von Stürzen ist multifaktoriell. Insbesondere dadurch, dass bei älteren Menschen motorische Aufgaben weniger automatisch ablaufen, werden bei gleichzeitigen kognitiven Anforderungen die einzelnen Aufgaben (z.B.: Gehen oder Einbeinstand bei gleichzeitigem Kopfrechnen) schlechter gelöst. Da die Gehirnreserven nicht ausreichen, können beide Aufgaben nicht gleichermaßen gut bewältigt werden (Richter, Greiff und Weidemann-Wendt, 2017). So ist im Alltag oft ein Stehenbleiben von älteren Menschen zu beobachten, wenn sie sich intensiv mit einem Partner unterhalten.

Eine weitere Ursache von Stürzen ist in den sensorischen Einbußen zu suchen. Dabei steigt bei Gleichgewichts- und Bewegungsaufgaben die Bedeutung des visuellen Systems (Richter et al., 2017).

Die relativ starke Abnahme der Leistungsfähigkeit von Muskulatur der unteren Extremitäten, als auch die Verschlechterung des vestibulären Systems, erhöhen ebenfalls das Sturzrisiko mit zunehmendem Alter. Daraus ergeben sich für ein sportliches Training (insbesondere für unser altersgerechtes Karatetraining) folgende Schwerpunkte:

- Erhöhung der Kraftfähigkeiten der unteren Extremitäten,
- Verbesserung des statischen und des dynamischen Gleichgewichts,

- Einbeziehung von Dual-Task-Anforderungen,
- Erhalt einer altersgerechten Beweglichkeit.

4.6 Schlussfolgerungen für altersspezifische Karate-Trainingseinheiten

Unter Beachtung unserer zwei Zielstellungen ziehen wir die folgenden Schlussfolgerungen aus dem Wissen von Alterungsprozessen und ihrer Bedeutung für das Training, welche in den nachfolgenden Tabellen 4.3 und 4.4 zusammengefasst sind.

Witte et al. (2017); Pliske et al. (2015, 2017) zeigen, dass insbesondere ein altersspezifisches Karatetraining geeignet ist, um Gleichgewichtsfähigkeit, Gangstabilität unter Dual-Task-Bedingung und körperliche Fitness zu verbessern, so dass hiermit ein Beitrag zur Sturzprävention geleistet werden kann. Dies lässt sich durch das Üben verschiedener Karatestände, wodurch Gleichgewicht verbessert und Beinmuskulatur gestärkt werden, und der Notwendigkeit von Ganzkörperkoordination bei Arm- und Beintechniken begründen.

Tab. 4.3: Schlussfolgerungen für das Erlernen der Sportart Karate unter altersspezifischen Bedingungen

Ursache /Aspekte	Schlussfolgerungen
Physiologische Veränderungen des passiven Bewegungsapparates (Knochen, Gelenke)	• Intensive Erwärmung • Vermeiden von schnellkräftigen Bewegungen, insbesondere das „Hineinschlagen“ in die Gelenke • Relativ hohe Stände mit Fußstellungen, die der Beweglichkeit in den Sprunggelenken angepasst sind
Physiologische Veränderungen des aktiven Bewegungsapparates (Muskulatur)	• Intensive Erwärmung • Kräftigung insbesondere der Bein- und Rumpfmuskulatur • Stände (Zenkutsu-Dachi, Kiba-Dachi und Kokutsu-Dachi) sind entsprechend ihrer Hauptkriterien ausführbar, Abstriche sind in der Standhöhe und Fußstellung auf Grund der verringerten Dehnfähigkeit zu machen • Augenmerk: langsame und dafür relativ präzise Technikausführung • Schnelligkeit sollte eine untergeordnete Rolle spielen
Sensomotorische Veränderungen	• Schwerpunkt: Gleichgewichtsübungen • Lernprozess hauptsächlich über visuelles System • Training des sensomotorischen Systems mit Erkennen von Muskelspannungen und Gelenkstellungen • Besonderes Training der räumlichen Orientierungsfähigkeit • Feinmotorik muss besonders trainiert werden

Ursache /Aspekte	Schlussfolgerungen
Kognitive Veränderungen	• Kihon-Kumite-Formen altersgerecht anpassen: sehr langsam und dann langsam schneller • Viele Wiederholungen für das Erlernen der einzelnen Techniken und dabei meist das visuelle System nutzen • Verstärktes Mitmachen des Trainers beim Kihon, damit die Trainierenden immer wieder abgucken und sich selbst kontrollieren können (Verwenden eines Spiegels), wichtig: Verständnis für die Technik und deren Bedeutung • Viel individuelles Feedback • Kata in der Grobform (Ablauf) mit Verständnis der einzelnen Techniken und Technikkombinationen vermitteln, Erlernen erst einzelner Sequenzen, Festigen und dann die gesamte Kata, Abwandlungen sollten ebenfalls geübt werden • Sehr konzentriertes Üben mit Augenmerk auf nur wenige Schwerpunkte und diese auch den Teilnehmern erklären und begründen

Tab. 4.4: Anwenden der Sportart Karate zur Verbesserung von Gleichgewicht, Kraftfähigkeiten, Bewegungskoordination und Reaktionsfähigkeiten

Karatesport	Trainieren von sportmotorischen Fähigkeiten
Stände, Vorwärts- und Rückwärtsgehen	• Statisches und dynamisches Gleichgewicht, • Kraftfähigkeiten der Muskulatur der unteren Extremitäten und des Rumpfes • Gangstabilität • Dual-Task-Fähigkeit, indem zusätzliche Armbewegungen trainiert werden (damit auch Training der Arm- und Schultermuskulatur)
Einzeltechniken	• Allgemeine Bewegungskoordination • Erhöhung der Komplexität durch Kombination mit Ständen und Vorwärts- bzw. Rückwärtsgehen • Dual-Task-Fähigkeit • Abwandlung der Techniken
Kihon-Kumite	• Reaktionsfähigkeit • Anpassen an den Partner • Schnelligkeit • Präzision • Anwendung der Techniken und damit Variationsfähigkeit • Ganzkörperkoordination
Kata	• Gedächtnis • Räumliche Orientierungsfähigkeit • Rhythmusfähigkeit • Gleichgewichtsfähigkeit (insbesondere bei Wendungen und Drehungen) • Ganzkörperkoordination

5 Hinweise für das Erlernen und Trainieren der Heian-Katas

In unserem ersten Buch (Emmermacher und Witte, 2012) haben wir uns ausführlich mit dem Erlernen der Kata Taikyoku-Shodan beschäftigt. Nach Aussage unserer Kursteilnehmerinnen und Kursteilnehmer haben ihnen die grafischen Darstellungen sehr geholfen, den Ablauf der Kata zu Hause nachzuvollziehen, zu wiederholen und somit zu festigen. Grundsätzlich kann man so auch bei den ersten Heian- Katas, wie der Heian Shodan und der Heian Nidan, vorgehen.

Aus unseren persönlichen Erfahrungen können allgemein für den Lern- und Trainingsprozess einer Kata die folgenden Empfehlungen gegeben werden:

- Vor dem Erlernen einer neuen Kata sollten die Einzeltechniken beherrscht werden.
- Beim Trainieren des Ablaufs sollten Schritt- und Armtechniken immer gleichzeitig geübt werden. Es hat sich nicht bewährt, erst das Schrittmuster nach dem Embusen zu erlernen und anschließend mit den Armtechniken zu verbinden.
- Das Üben von kleinen Sequenzen ist (bei Beachtung der zeitlichen Reihenfolge) recht erfolgreich. Dabei sollte der Trainer viel mitmachen (auch vor einem Spiegel). Anschließend übt jeder Teilnehmer selbst (3-5 Wiederholungen) und der Trainer kann individuell korrigieren.
- Die Stände aber auch einzelne Techniken werden altersspezifisch ausgeführt. Das bedeutet bspw., dass die Stände relativ „hoch" sind.
- Eine Methode, die wir gern praktizieren, ist das ständige Wiederholen der Kata von Anfang an bis zu der „neuen" Sequenz. So wird der Gesamtablauf der Kata stärker gefestigt.
- Das Verständnis der einzelnen Sequenzen wird erhöht, wenn Anwendungen (einfache Bunkai) gezeigt und paarweise ausprobiert werden. Hierbei können die Kursteilnehmerinnen und Kursteilnehmer gern auch kreativ werden und sich gegenseitig austauschen. Dennoch sollten bestimmte Muster auch vorgegeben werden, da viele Übende Orientierungen und Anregungen brauchen, bevor sie selbst eigene Varianten ausprobieren können.
- Das Üben in Gruppen (bis fünf Teilnehmer) hat sich in Form des synchronen Präsentierens bewährt. So können Fortgeschrittene den Anfängern helfen und jeder wird mit einbezogen. Zum Beispiel übt Gruppe 1 den ersten Teil der Kata Heian Nidan als Team und Gruppe 2 den zweiten Teil. Anschließend wird die Kata von den Gruppen vorgeführt und von allen Teilnehmerinnen und Teilnehmern zwei bis drei Verbesserungshinweise gegeben. Dann kann gewechselt werden.
- Erst abschließend sollte die Kata in verschiedenen Raumausrichtungen geübt werden. Das „blinde" Üben sowie Kata-Ura und Ähnliches waren nicht zielführend.

5.1 Heian Shodan und Heian Nidan

In Analogie zu den grafischen Darstellungen der Kata in unserem ersten Buch (Emmermacher & Witte, 2012) haben wir auch ähnliche grafische Darstellungen für die Kata Heian Shodan und die Kata Heian Nidan entwickelt. Die Abb. 5.1 zeigt in zwei Teilen die Abfolge der Techniken für die Kata Heian Shodan. Im Unterschied zu sonst oft üblichen Darstellungen (z. B. Pflüger, 2004) wurde die Ansicht von hinten gewählt, damit der Übende sich besser mit der Figur identifizieren kann. Wenn eine Technik erstmalig vorkommt, enthält die entsprechende Abbildung die Bezeichnung. Die Uhren sollen helfen sich zu orientieren. Kurze Texte geben die Drehrichtungen an.

In der Abb. 5.2 ist in ähnlicher Weise die Abfolge der Kata Heian Nidan dargestellt. Auf die gestrichelten Pfeile wurde hier verzichtet, da entsprechendes Vorwissen vorausgesetzt werden kann. Techniken, die von der rückwärtigen Ansicht bzw. von der gezeigten Körperseite nicht gut erkennbar sind, werden jeweils nebenstehend von der jeweils anderen Seite gezeigt.

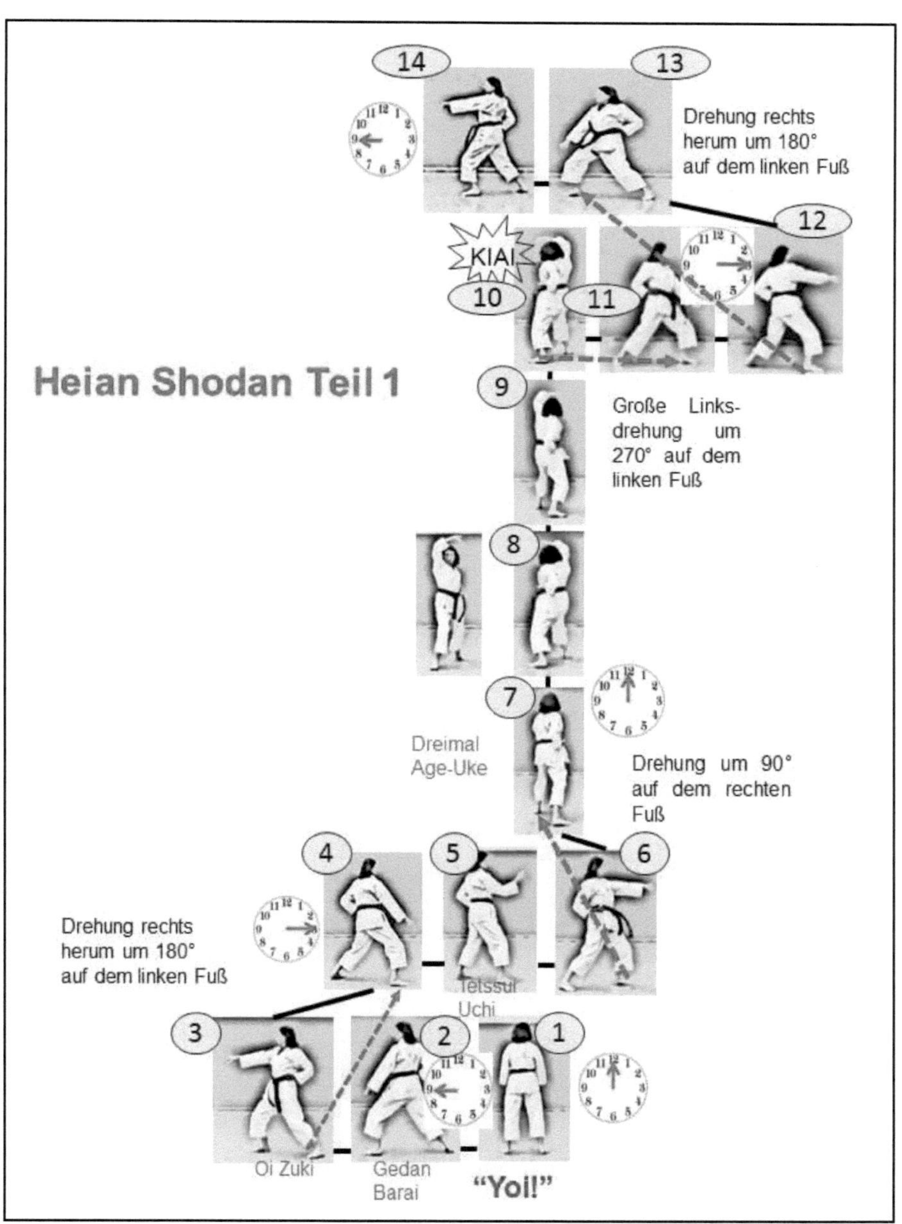

Abb. 5.1 (Teil 1) Technikabfolge der Kata Heian Shodan. Im Unterschied zu anderen Kata-Darstellungen beginnen wir in der linken Abbildung unten mit dem „Yoi!" (1). Die Abfolge endet in mit Oi Zuki (14).

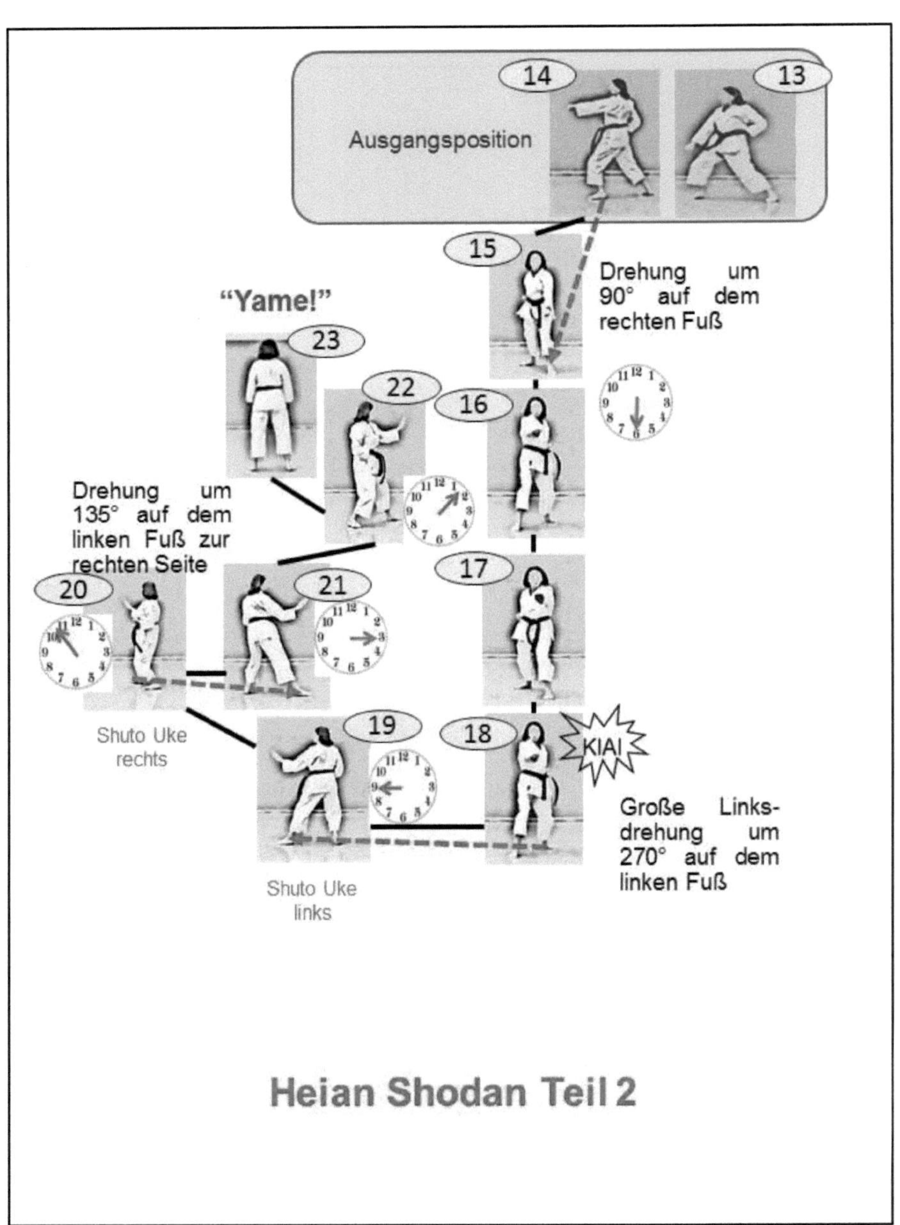

Abb. 5.1 (Teil 2) Technikabfolge der Kata Heian Shodan. Die Abbildung oben zeigt, wie es nach der Technik (14) aus der Abb. 5.1 (Teil 1) mit der Technik (15) weitergeht. Die Pfeile verdeutlichen, wohin sich der Fuß von einer Abbildung zur anderen bewegt.

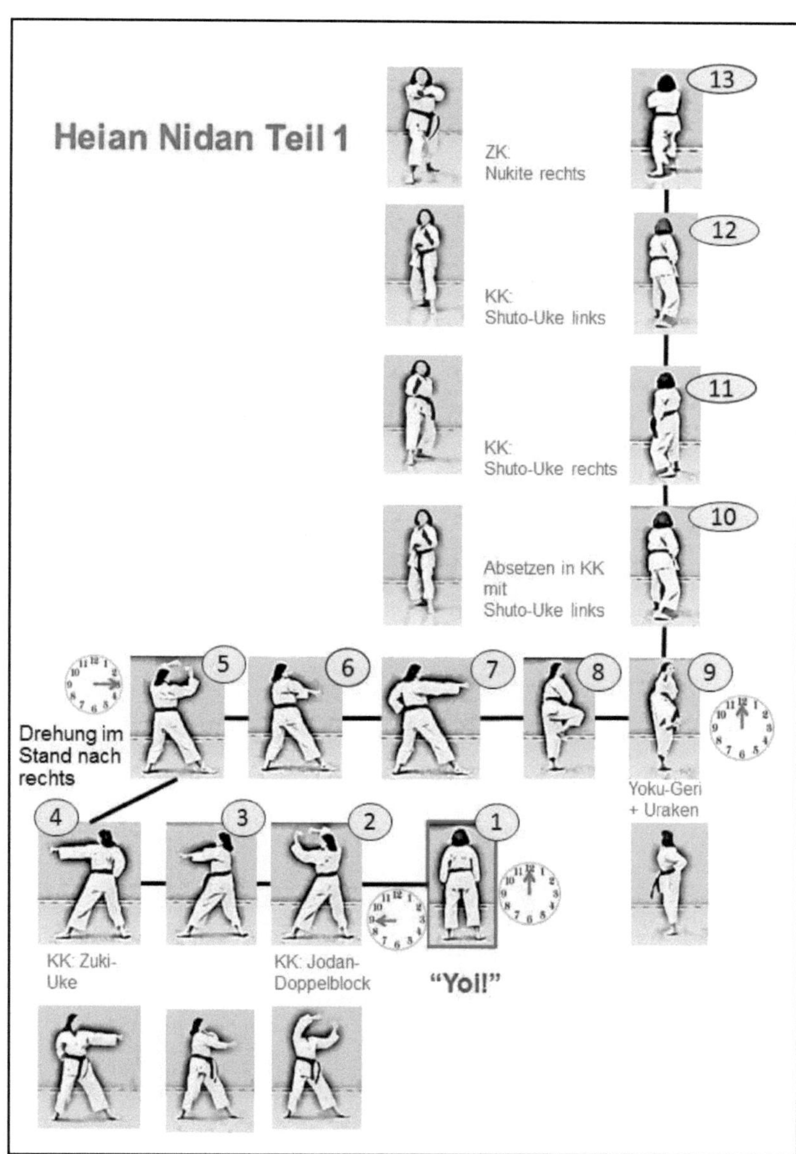

Abb. 5.2 (Teil 1) Technikabfolge der Kata Heian Nidan. Beachte, dass die Kata mit Age Uke (13) endet. Die gestrichelten Pfeile verdeutlichen die Orientierung des Fußes von einer Technik zur anderen.

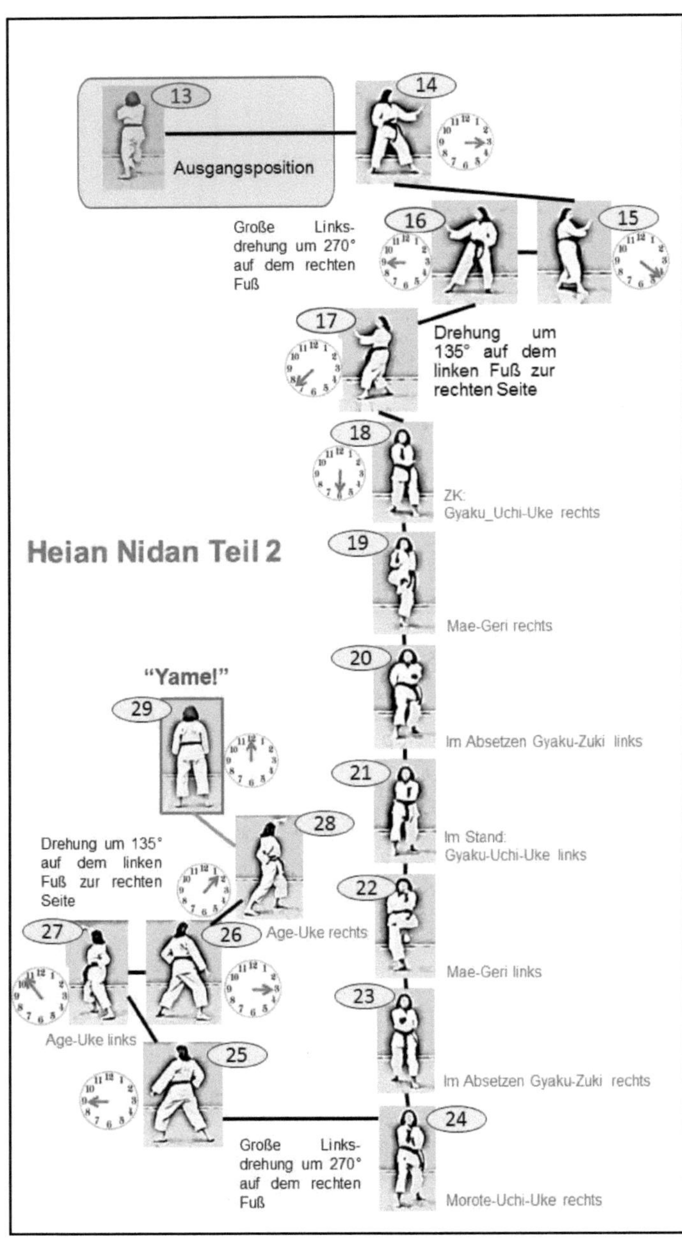

Abb. 5.2 (Teil 2) Technikabfolge der Kata Heian Nidan. Beachte, dass die Kata nach Age Uke (13) mit der Technik (14) fortgeführt wird. Die gestrichelten Pfeile verdeutlichen die Orientierung des Fußes von einer Technik zur anderen.

5.2 Heian Sandan

Bei der Vermittlung der Kata Heian Nidan hatte es sich gezeigt, dass es doch für die Kursteilnehmerinnen und Kursteilnehmer in der Regel sehr schwierig ist, bis die komplexen Bewegungsabläufe ausreichend gelernt, verinnerlicht und praktiziert werden konnten. Deshalb wurde bei der Kata Heian Sandan ein anderer methodischer Weg gegangen.

Eine allgemeine Lehrmeinung ist, dass für das Trainieren einer Kata das Verständnis der Bedeutung der einzelnen Techniken Voraussetzung ist. So kann, auch aus historischer Sicht, die Kata auseinandergenommen werden und Anwendungen, die auch in einem „realistischen" Kampf sinnvoll wären, geübt und damit auch die Techniken variiert werden. Ausreichende Beispiele werden von Janson (2019) dargestellt. Nach unserer Meinung ist das aber nur machbar, wenn es sich um erfahrene Karateka handelt.

Wir wollen uns hier ausschließlich auf den Shotokan-Stil konzentrieren und dabei die Lehrmethode vom Einfachen zum Komplexen verwenden. Das bedeutet, zunächst eine einfache Form der Kata, die einige Techniken noch nicht enthält und deren Embusen eventuell leicht verändert ist, zu lehren. Noch einmal soll betont werden, dass es nicht darum geht, die Kata zu verändern, das auch gegen die Regeln von Gichin Funakoshi verstoßen würde, sondern um eine Lehrmethode, mit dem Ziel durch kleine Erfolge die Motivation und die Freude am Katalaufen zu erhöhen. Dabei stellen wir zwei Formen vor. Die erste einfache Form ist für Wiedereinsteiger gedacht, die bereits als in der Kindheit und Jugend Karate praktiziert haben. Hier kann man einige Techniken voraussetzen, die nur reaktiviert werden müssen. Die zweite vereinfachte Form wurde für die Späteinsteiger entwickelt, für die Karate neu ist und deren Kata-Erfahrungen bisher „nur" auf den vorherigen Heian Katas basieren.

Diese beiden vereinfachten Formen der Heian Sandan enthalten aber bereits wesentliche Merkmale dieser Kata (Grupp, 2002). Für das Erlernen der zweiten Variante wurden in unserem Kurs drei Trainingseinheiten benötigt. Anschließend wurden dann die zugehörigen, noch fehlenden, Techniken geübt und sukzessive in die vereinfachte Form eingebaut. Zum Schluss konnte dann jeder Kursteilnehmer die Kata laufen. Natürlich könnte man dieses Vorgehen ablehnen, indem man sagt, dass diese einfache Form keine wirkliche Kata ist. Ein weiteres Argument wäre, dass ein Umlernen schwieriger ist als ein Neulernen. Aber unsere praktischen Erfahrungen haben gezeigt, dass es machbar und erfolgreich ist. Ein wichtiges Argument dafür ist, dass die Kursteilnehmerinnen und Kursteilnehmer schon relativ früh ein Erfolgserlebnis haben und nun besonders interessiert sind, die Original-Kata vollständig zu erlernen. In der Tab. 5.1 ist der Ablauf der Kata Heian Sandan sowie der Ablauf der von uns entwickelten beiden vereinfachten Formen enthalten. Bei der zweiten Variante wurden noch Erklärungen hinzugefügt, da man nicht davon ausgehen kann, dass die Begriffe den Übenden schon bekannt sind, bzw. der Technikablauf schon einmal gelernt wurde. Zur Unterscheidung dieser einfachen Formen zur originalen Kata kann man vielleicht dem Kata-Namen den Begriff „Kantan" (jap. einfach) hinzufügen.

Tab. 5.1: Ablauf der Kata Heian Sandan (mod. nach Grupp, 2002 und Pflüger, 2004) und der entsprechenden vereinfachten Formen für Wiedereinsteiger (erste vereinfachte Form) und Neueinsteiger (zweite vereinfachte Form), Änderungen kursiv-fett.
(re – rechts, li – links, KK – Kokutsu-Dachi, ZK – Zenkutsu-Dachi, KB – Kiba-Dachi)

Nr.	Stand / Technik	Erste vereinfachte Form für Wiedereinsteiger	Zweite vereinfachte Form für Neueinsteiger
1	Grundstellung (Shizentai)	Grundstellung (Shizentai): Haiko-Dachi	Grundstellung (Shizentai): Haiko-Dachi (Füße stehen hüftbreit parallel zueinander)
2	Nach li in KK mit Uchi-Uke li	Nach li in KK mit Uchi-Uke li	90°-Drehung nach li in KK mit Uchi-Uke li
3	Aufstehen mit Uchi-Uke re und Gedan-Barai li	***Aufstehen in Heisoku-Dachi***	***Aufstehen, indem re Bein herangezogen und Heisoku-Dachi (Füße stehen parallel zusammen) eingenommen wird***
4	Uchi-Uke li und Gedan Barai re im Stand	**------**	**------**
5	Nach rechts in KK mit Uchi-Uke re	Nach rechts in KK mit Uchi-Uke re	180°-Drehung nach rechts in KK mit Uchi-Uke re
6	Aufstehen mit Uchi-Uke li und Gedan-Barai re	***Aufstehen in Heisoku-Dachi***	***Aufstehen, indem li Bein herangezogen und Heisoku-Dachi eingenommen wird***
7	Uchi-Uke re und Gedan Barai li im Stand	**------**	**------**
8	90°-Drehung nach vorn: li vor im KK mit Morote-Uke	90°-Drehung nach vorn: li vor im KK mit Morote-Uke	90°-Drehung nach vorn: li vor im KK mit Morote-Uke (oder auch Morote-Uchi-Uke – wie Uchi-Uke, wobei die andere Faust zur Unterstützung an das Ellenbogengelenk gelegt wird)
9	Vorgehen mit Nukite in ZK	Vorgehen mit Nukite in ZK	***re vor im KK mit Morote-Uke***
10	360°-Drehung zum Tettsui-Uchi li im KB	360°-Drehung zum Tettsui-Uchi li im KB	***li vor im KK mit Morote-Uke***
11	Vorgehen in ZK mit Oi-Zuki re (Kiai)	Vorgehen in ZK mit Oi-Zuki re (Kiai)	Vorgehen in ZK mit Oi-Zuki re (Kiai)

Nr.	Stand / Technik	Erste vereinfachte Form für Wiedereinsteiger	Zweite vereinfachte Form für Neueinsteiger
12	Hinteres Bein heranziehen und 180°-Drehung, beide Fäuste an die Hüfte nehmen	Hinteres Bein heranziehen und 180°-Drehung, beide Fäuste an die Hüfte nehmen	Hinteres Bein heranziehen und 180°-Drehung, beide Fäuste an die Hüfte nehmen
13	Fumikomi re	Fumikomi re	Fumikomi (Stampftritt) re: Knie nach oben ziehen, auf dem li Fuß zur linken Seite (90°) drehen und re Fuß vollflächig (Stampfen) absetzen
14	Im Absetzen Abwehr mit dem Ellbogen re und Tate-Uraken re	***Tate-Uraken re***	------
15	Fumikomi li	Fumikomi li	Fumikomi li (analog zu (13)), nur erfolgt die Drehung um 180° zur anderen Seite
16	Im Absetzen Abwehr mit dem Ellbogen li und Tate-Uraken li	***Tate-Uraken li***	------
17	Fumikomi re	Fumikomi re	Fumikomi re (analog zu (15) und (13))
18	Im Absetzen Abwehr mit dem Ellbogen re und Tate-Uraken re	***Tate-Uraken re***	------
19	Ausholen mit dem re Arm zu Tate-Shuto-Uke (re)	Ausholen mit dem re Arm zu Tate-Shuto-Uke (re)	Ausholen mit dem re Arm zu Tate-Shuto-Uke (re)
20	Vorgehen mit Oi-Zuki li in ZK	Vorgehen mit Oi-Zuki li in ZK	Vorgehen mit Oi-Zuki li in ZK
21	Hinteres Bein heranziehen und 180°-Drehung in KB mit Jodan-Mawashi-Zuki re	Hinteres Bein heranziehen und 180°-Drehung in KB mit Jodan-Mawashi-Zuki re	Hinteres Bein heranziehen und 180°-Drehung in KB mit Jodan-Mawashi-Zuki re (halbkreisförmiger Zuki über die li Schulter)
22	Im KB nach re gleiten und Jodan-Mawashi-Zuli li (Kiai)	Im KB nach re gleiten und Jodan-Mawashi-Zuli li (Kiai)	Im KB nach re gleiten und Jodan-Mawashi-Zuli li (Kiai)
23	Grundstellung	Grundstellung	Re Bein heranziehen zur Grundstellung: Haiko-Dachi

Versuchen wir die Veränderung der Kata Heian Sandan für die zweite Variante der vereinfachten Form (Kantan) zu begründen.

Die gegensätzlichen Wiederholungen der Techniken Uchi-Uke und Gedan-Barai in den ersten Sequenzen stellt beim Erlernen dieser Kata immer eine Herausforderung dar. So wurde auf die zweite und dritte Wiederholung (s. Nr. 4 und 7) verzichtet. Trotzdem bleibt der Sinn dieser Technik-Kombination weitestgehend erhalten. Separat sollte dann diese Kombination auch mit einer Anwendung geübt werden, bevor sie dann in die Kata eingebaut wird. Weiterhin wird auf das Nukite (9) und insbesondere auf die 360°-Drehung zum Tettsui-Uchi li im KB (10) verzichtet, da diese volle Drehung mit der neuen Technik Tettsui-Uchi besonders schwierig ist. Ersetzt wird dies durch die Wiederholungen von Morote-Uke, bevor dann der übliche Oi-Zuki mit Kiai folgt.

In der Sequenz nach hinten (13-18) werden die Ellbogen-Abwehr und der Tate-Uraken weggelassen, um sich auf den Fumikomi zu konzentrieren. In der ersten vereinfachten Form wird der Tate-Uraken hinzugenommen, aber ebenfalls auf die Ellbogen-Abwehr verzichtet.

5.3 Heian Yondan

Die Kata Heian Yondan stellt den Übenden als auch den Lehrenden vor noch größere Herausforderungen als die Heian Sandan. Dies betrifft insbesondere die ersten Sequenzen. Auch hier haben wir versucht, zunächst einfachere Formen zu finden (Tab. 5.2). Hinzuzufügen wäre, dass die Ausführung der Techniken (z.B. Mae Geri) auf einem altersspezifischen Niveau erfolgen sollte.

Bei den einfachen Formen der Heian Yondan wurde nach dem Yoku-Geri und Uraken (bekannt aus der Heian Nidan) bewusst auf das Absetzen mit Empi (10) verzichtet und nur die Grundstellung Heiko-Dachi (9) eingenommen. Aus dieser erfolgt dann die Wiederholung nach rechts. Danach wird ohne die Blocktechniken mit einem einfachen Mae-Geri nach vorn gegangen. Auch der Kosa-Dachi erfolgt nicht, sondern das hintere Bein wird zum Heiko-Dachi (17) herangezogen und dann um 180° in den KK mit Kakiwake-Uke gedreht (Variante für die Neueinsteiger). Eine weitere Änderung wurde in Bezug auf den Hiza-Geri (27) vorgenommen. Es wird nicht gleich gedreht, sondern in den ZK abgesetzt. Für die Variante 2 erfolgt hier die Vermittlung der Vorstellung des Gegners und die Bedeutung der Techniken, um diese nachvollziehen zu können (26) und (27).

Tab. 5.2: Ablauf der Kata Heian Yondan (mod. nach Grupp, 2002 und Pflüger, 2004) und der entsprechenden vereinfachten Formen für Wiedereinsteiger und Neueinsteiger (Änderungen kursiv-fett). re – rechts, li – links, KK – Kokutsu-Dachi, ZK – Zenkutsu-Dachi, KB – Kiba-Dachi

Nr.	Stand / Technik	Erste vereinfachte Form für Wiedereinsteiger	Zweite vereinfachte Form für Neueinsteiger
1	Grundstellung (Shizentai):	Grundstellung (Shizentai)	Grundstellung (Shizentai): Haiko-Dachi (Füße stehen hüftbreit parallel zueinander)
2	Ausholbewegung mit geöffneten Händen	Ausholbewegung mit geöffneten Händen	Ausholen von der rechten Hüfte mit offenen Händen, wobei die Handrücken vom Körper weg zeigen
3	Langsamer Doppelblock mit offenen Händen (Kaishu-Haiwan-Uke) nach li im KK	Langsamer Doppelblock mit offenen Händen (Kaishu-Haiwan-Uke) nach li im KK	Langsamer Doppelblock mit offenen Händen (Kaishu-Haiwan-Uke) nach li oben im KK, li Arm ähnlich wie Soto-Uke in der Anfangsposition , re Arm ähnlich Age-Uke in der Endposition
4	Wendung nach re: KK, Ausholbewegung mit geöffneten Händen	Wendung nach re: KK, Ausholbewegung mit geöffneten Händen	Wendung nach re: KK, Ausholbewegung mit geöffneten Händen, analog zu (2) nur andere Seite
5	Langsamer Doppelblock mit offenen Händen nach re im KK	Langsamer Doppelblock mit offenen Händen nach re im KK	Langsamer Doppelblock mit offenen Händen nach re im KK, analog zu (3) nur andere Seite
6	90°-Drehung nach vorn: Vorgehen mit Gedan-Juji-Uke in ZK li	90°-Drehung nach vorn: Vorgehen mit Gedan-Juji-Uke in ZK li	90°-Drehung nach vorn: Vorgehen mit Gedan-Juji-Uke in ZK li
7	Vorgehen in Morote-Uke in KK re	Vorgehen in Morote-Uke in KK re	Vorgehen in Morote-Uke in KK re

Nr.	Stand / Technik	Erste vereinfachte Form für Wiedereinsteiger	Zweite vereinfachte Form für Neueinsteiger
8	Mit beiden Fäusten an der re Hüfte ausholen, Yoku-Geri li mit Uraken li zur li Seite	Mit beiden Fäusten an der re Hüfte ausholen, Yoku-Geri li mit Uraken li zur li Seite	Mit beiden Fäusten an der re Hüfte ausholen, Yoku-Geri li mit Uraken li zur li Seite
9	li Bein zurückschnappen, Arm bleibt mit geöffneter Hand stehen	***li Bein zurück, Heiko-Dachi (Blick nach vorn)***	***li Bein zurück, Heiko-Dachi (Blick nach vorn)***
10	Absetzen mit Empi	---------	---------
11	Aufstehen und mit beiden Fäusten an der li Hüfte ausholen	Mit beiden Fäusten an der li Hüfte ausholen	Mit beiden Fäusten an der li Hüfte ausholen
12	Yoku-Geri re mit Uraken re zur re Seite	Yoku-Geri re mit Uraken re zur re Seite	Yoku-Geri re mit Uraken re zur re Seite
13	Re Bein zurück-schnappen, Arm bleibt mit geöffneter Hand stehen	***re Bein absetzen in ZK li (Blick nach vorn)***	***re Bein absetzen in ZK li (Blick nach vorn)***
14	Absetzen mit Empi	---------	---------
15	Aus ZK mit dem li Arm Gedan-Shuto-Uke, gleichzeitig mit dem re Arm ausholen	---------	---------
16	Jodan-Shuto-Uchi re und Age-Uke li mit der offenen Hand	---------	---------
17	Vorgehen mit Mae-Geri re	Vorgehen mit Mae-Geri re (Kiai), ***Heranziehen des hinteren (li) Beines***	Vorgehen mit Mae-Geri re (Kiai), ***Heranziehen des hinteren (li) Beines***
18	Ausholen und dann Absetzen mit Uraken in Kosa-Dachi (Kiai)	---------	---------
19	Drehung nach hinten mit Kaki-Wake-Uke in KK li (45°)	Drehung nach hinten mit Kaki-Wake-Uke in KK li (45°)	***Drehung nach hinten in KK li (45°), Fäuste im Chudan Kamae***

Nr.	Stand / Technik	Erste vereinfachte Form für Wiedereinsteiger	Zweite vereinfachte Form für Neueinsteiger
20	Vorgehen mit Mae-Geri re, Absetzen mit Oi-Zuki re, Gyaku-Zuki li	Vorgehen mit Mae-Geri re, Absetzen mit Oi-Zuki re, Gyaku-Zuki li	Vorgehen mit Mae-Geri re, Absetzen mit Oi-Zuki re, Gyaku-Zuki li
21	Wendung nach rechts mit Kaki-Wake-Uke in KK re (45°)	Wendung nach rechts mit Kaki-Wake-Uke in KK re (45°)	***Wendung nach rechts in KK re (45°), Fäuste im Chudan Kamae***
22	Vorgehen mit Mae-Geri li, Absetzen mit Oi-Zuki li, Gyaku-Zuki re	Vorgehen mit Mae-Geri li, Absetzen mit Oi-Zuki li, Gyaku-Zuki re	Vorgehen mit Mae-Geri li, Absetzen mit Oi-Zuki li, Gyaku-Zuki re
23	Nach vorn in KK li mit Morote-Uke	Nach vorn in KK li mit Morote-Uke	Nach vorn in KK li mit Morote-Uke
24	Vorgehen KK re mit Morote-Uke	Vorgehen KK re mit Morote-Uke	Vorgehen KK re mit Morote-Uke
25	Vorgehen KK li mit Morote-Uke	Vorgehen KK li mit Morote-Uke	Vorgehen KK li mit Morote-Uke
26	Umsetzen des li Fußes in ZK und beide Arme mit geöffneten Händen nach vorn oben strecken	Umsetzen des li Fußes in ZK und beide Arme mit geöffneten Händen nach vorn oben strecken	Umsetzen des li Fußes in ZK und beide Arme mit geöffneten Händen nach vorn oben strecken ***(Vorstellung: Kopf des Gegners packen)***
27	Hiza-Geri re (Kiai)	Hiza-Geri re (Kiai***), Bein Absetzen zum ZK (re Bein vorn)***	Hiza-Geri re (Kiai) ***(Vorstellung: Kopf des Gegners wird herangezogen und mit einem Kniestoß re getroffen), Bein Absetzen zum ZK (re Bein vorn)***
28	180°-Drehung: KK: Shuto-Uke li	180°-Drehung: KK: Shuto-Uke li	180°-Drehung: KK: Shuto-Uke li
29	Re Vorgehen in KK mit Shuto-Uke re	Re Vorgehen in KK mit Shuto-Uke re	Re Vorgehen in KK mit Shuto-Uke re
30	Re Bein zurück, Grundstellung	Re Bein zurück, Grundstellung	Re Bein zurück, Grundstellung

5.4 Heian Godan

Bei der letzten Heian-Kata, welche schon recht komplex ist, würde es sich anbieten, zwei Teile getrennt voneinander zu üben. Wir schlagen jedoch vor, den letzten Teil stark zu kürzen (s. Tab. 5.3).

Schon zu Beginn der Kata gibt es drei aufeinander folgende Techniken (Uchi-Uke, Gyaku-Zuki und Kagi-Zuki). Diese wurden beibehalten, da die ersten beiden Techniken hinreichend bekannt sind und der Kagi-Zuki eine der charakteristischen Techniken dieser Kata ist und auch nicht zu kompliziert ist. Die Juji-Uke-Techniken (9, 10) wurden für die Neueinsteiger weggelassen. Um das Embusen und den Rhythmus der Kata nicht zu sehr zu verändern, wird der Tate-Shuto-Uke nicht im Stand, sondern im Vorwärtsgehen ausgeführt (12). Der Tate-Shuto-Uke sollte den Trainierenden bspw. beim Üben des Gyku-Zuki bekannt sein. Der Mika-Zuki-Geri (16) wird ersetzt durch die 180°-Drehung mit Fumikomi. Wie aus der Tab. 6.3 weiterhin ersichtlich ist, erscheinen der Morote-Uke im Kosa-Dachi, der Morote-Ura-Zuki, der Sprung mit Landung und Gedan Juji-Uke (18-21) in den vereinfachten Formen der Kata nicht. Damit würde auch der Kiai entfallen. Weiterhin verzichten wir auf die Drehung und Armwechsel: Jodan-Uchi-Uke li und Gedan-Barai re sowie die nachfolgenden Kombinationen (26-28). Wenn die vollständige Kata erlernt werden soll, empfehlen wir generell auf den Sprung zu verzichten und nur nach der Drehung in die Hocke zu gehen.

Tab. 5.3: Ablauf der Kata Heian Godan (mod. nach Grupp, 2002 und Pflüger, 2004) und der entsprechenden vereinfachten Formen für Wiedereinsteiger und Neueinsteiger (Änderungen kursiv-fett). re – rechts, li – links, KK – Kokutsu-Dachi, ZK – Zenkutsu-Dachi, KB – Kiba-Dachi

Nr.	Stand / Technik	Erste vereinfachte Form für Wiedereinsteiger	Zweite vereinfachte Form für Neueinsteiger
1	Grundstellung Hachi-Dachi	Grundstellung (Shizentai) Hachi-Dachi	Grundstellung (Shizentai) Hachi-Dachi
2	Nach li in KK mit Uchi-Uke	Nach li in KK mit Uchi-Uke	Nach li in KK mit Uchi-Uke
3	Im Stand Gyaku-Zuki	Im Stand Gyaku-Zuki	Im Stand Gyaku-Zuki

Nr.	Stand / Technik	Erste vereinfachte Form für Wiedereinsteiger	Zweite vereinfachte Form für Neueinsteiger
4	Aufstehen mit Kagi-Zuki li	Aufstehen mit Kagi-Zuki li	Re Fuß langsam heranziehen, Kopf nach rechts drehen mit Kagi-Zuki li (Haken-Fauststoß: li), so dass li Faust mit der Körperseite abschließt und der Unterarm etwas abwärts gerichtet ist (Wasserfließposition) und zum Oberarm ca. eine rechten Winkel einnimmt
5	Nach re in KK mit Uchi-Uke	Nach re in KK mit Uchi-Uke	Nach re in KK mit Uchi-Uke
6	Im Stand Gyaku-Zuki	Im Stand Gyaku-Zuki	Im Stand Gyaku-Zuki
7	Aufstehen mit Kagi-Zuki re	Aufstehen mit Kagi-Zuki re	Aufstehen mit Kagi-Zuki re (analog zu (4))
8	Vorgehen mit Morote-Uke re in KK	Vorgehen mit Morote-Uke re in KK	Vorgehen mit Morote-Uke re in KK
9	Vorgehen mit Juji-Uke (Gedan) in ZK li	Vorgehen mit Juji-Uke (Gedan) in ZK li ***(Beide Arme mit Fäusten überkreuzen sich im Handgelenkbereich vor dem Körper zur Abwehr eines Trittes im unteren Bereich)***	**--------**
10	Hände öffnen und nach oben stoßen zum Juji-Uke Jodan	Hände öffnen und nach oben stoßen zum Juji-Uke Jodan (mit geöffneten Händen)	**--------**
11	Hände drehen und zurück an die rechte Körperseite ziehen	--------	**--------**
12	Mit dem li Arm Abwehr mit Tate-Shuto-Uke	Vorgehen in ZK (li) mit Tate-Shuto-Uke (li)	***Vorgehen in ZK (li) mit Tate-Shuto-Uke (li)***
13	Vorgehen mit Oi-Zuki re in ZK (Kiai)	Vorgehen mit Oi-Zuki re in ZK (Kiai)	***Vorgehen mit Oi-Zuki re in ZK (Kiai)***

Nr.	Stand / Technik	Erste vereinfachte Form für Wiedereinsteiger	Zweite vereinfachte Form für Neueinsteiger
14	Fumikomi in die entgegengesetzte Richtung, im Absetzen Gedan-Barai re	180°-Drehung mit Heranziehen des linken Beines zum Stand, Gedan-Barai re in KB, li Faust Hikite	***180°-Drehung mit Heranziehen des linken Beines zum Stand, Gedan-Barai re in KB, li Faust Hikite***
15	Mit dem li Arm zum Chudan-Heishu-Uke ausholen	Mit dem li Arm zum Chudan-Heishu-Uke ausholen	***Mit dem li Arm zum Chudan-Heishu-Uke ausholen***
16	Mikazuki-Geri in die linke Hand	180°-Drehung mit Fumikomi re	***180°-Drehung mit Fumikomi re***
17	Im Absetzen Empi in KB	Im Absetzen Empi in KB	***Im Absetzen Empi in KB***
18	Li Bein heranziehen und Morote-Uke nach re im Kosa-Dachi	--------	--------
19	Aufrichten mit Morote-Ura-Zuki mit dem re Arm, dabei Blick nach li richten	--------	--------
20	Sprung	--------	--------
21	Landung mit Gedan Juji-Uke (Kiai)	--------	--------
22	Nach re mit Morote-Uke in ZK	90°-Drehung mit Morote-Uke in ZK re	***90°-Drehung mit Morote-Uke in ZK re***
23	Umsetzen in die andere Richtung mit Gedan-Nukite re und Nagashi-Uke li	Umsetzen in die andere Richtung mit Gedan-Nukite re und Nagashi-Uke li	***Umsetzen in die andere Richtung mit Gedan-Nukite re und Nagashi-Uke li***
24	Umsetzen in KK mit Gedan-Barai li und Uchi-Uke Jodan re	Umsetzen in KK mit Gedan-Barai li und Uchi-Uke Jodan re	***Umsetzen in KK mit Gedan-Barai li und Uchi-Uke Jodan re***
25	Vorderes Bein heranziehen in Heisoku-Dachi	--------	--------
26	Drehung und Armwechsel: Jodan-Uchi-Uke li und Gedan-Barai re	--------	--------

Nr.	Stand / Technik	Erste vereinfachte Form für Wiedereinsteiger	Zweite vereinfachte Form für Neueinsteiger
27	Vorgehen in ZK und Gedan-Nukite li, Nagashi-Uke re	--------	--------
28	Umsetzen in KK mit Gedan-Barai re und Uchi-Uke Jodan li	--------	--------
29	Grundstellung Hachi-Dachi	Vorderes Bein (li) heranziehen und Grundstellung Hachi-Dachi einnehmen	***Vorderes Bein (li) heranziehen und Grundstellung Hachi-Dachi einnehmen***

6 Übungssammlung

6.1 Einführung

Diese hier vorgestellte Übungssammlung könnte eine Basis für ein vielfältiges Bewegungsprogramm für ältere Erwachsene darstellen, welches insbesondere ein Ziel verfolgt: Sturzprophylaxe.

Grundsätzlich haben wir unsere Übungssammlung in zwei Teile untergliedert:

- ‚Allgemeine Übungen' und
- ‚Karatespezifische Übungen'.

Im ersten Teil ‚Allgemeine Übungen' geht es darum, Gleichgewicht, allgemeine Koordination und Kraft zu verbessern. Diese Komponenten sind für die Sturzprophylaxe unbedingt erforderlich und helfen außerdem Karatetechniken qualitativ besser ausführen zu können. Ziel ist es dabei, ein abwechslungsreiches Übungsangebot zu ermöglichen, welches die Zielgruppe anspricht. Diese hier aufgeführten Übungen basieren auf schon bekannten Bewegungsabläufen, es werden aber auch neue und interessante Bewegungsabfolgen aus der Kampfsportart Karate in das Programm integriert.

Im zweiten Teil ‚Karatespezifische Übungen' werden viele Übungen und deren Varianten vorgestellt, die dem altersgerechten Trainieren der Stände, Arm- und Beintechniken dienen.

Die Übungen wurden so konzipiert, dass möglichst wenige Materialien bzw. Trainingsgeräte benötigt werden. Diese sind jeweils neben der Übungsbezeichnung grafisch dargestellt, so dass auf den ersten Blick vom Trainer bzw. von der Trainerin erkannt wird, was benötigt wird. Entsprechend ist es auch möglich eine Vielzahl der Übungen zu Hause durchzuführen.

Zuletzt noch ein wichtiger Hinweis.

Was spricht gegen den Einsatz von Übungen aus dem Programm?

- Nichtbehandelter Bluthochdruck,
- Nichtbehandelte Diabetes,

- postoperative Phase nicht abgeschlossen,
- starke Schmerzen in den Extremitäten bzw. im Bereich der Wirbelsäule,
- Infektionen.

Wir haben uns von unseren Teilnehmerinnen und Teilnehmern eine schriftliche ärztliche Unbedenklichkeitserklärung zeigen lassen.

Aus der nun nachfolgenden Übungssammlung kann der Trainer bzw. die Trainerin die Übungen entsprechend seiner/ihrer speziellen Zielstellungen zusammenstellen.

6.2 Didaktisch-methodische Hinweise

Kurszeitdauer

Kontinuierliches Üben ist die sicherste Methode erfolgreich zu sein. Das Üben sollte mindestens zweimal mit jeweils 45 min bis maximal 60 min in der Woche durchgeführt werden. Ein häufigeres Üben ist leider oft nicht zu realisieren. Anfänger sollten jedoch nicht über das Ziel hinausschießen und nach der Methode: „Viel hilft viel!" vorgehen. Der Organismus benötigt eine gewisse Zeit sich an die neuen Bewegungsabläufe zu gewöhnen. Aktionismus ist kontraproduktiv! Nach längeren Pausen, also durch persönliche Verpflichtungen oder Krankheit, sollte mit Augenmaß in Hinsicht der Intensität und des Umfangs wieder begonnen werden.

Trainingsort

Alle hier vorgestellten Übungen können in einem Dojo, einem kleinen Sportraum oder einer Sporthalle durchgeführt werden. Hierbei solle berücksichtigt werden, dass die Hallengröße die Gruppengröße bestimmt. Kata oder Kihon-Techniken benötigen etwas Platz, damit die Bewegungsabläufe nicht durch den Platzmangel zerpflückt werden müssen.

Grundsätze für das Training

Die Teilnehmer haben auf Grund ihres Alters, ihrer Gesundheit und ihrer Bewegungserfahrung aus der Vergangenheit sehr unterschiedliche Voraussetzungen. Dies gilt es zu berücksichtigen. Eine gewisse Individualität in der Bewegungsausführung sollte zugelassen werden, da gerade am Anfang die Bewegungsabläufe recht neu sein dürften. Berücksichtigt man die allgemein gültigen Trainingsprinzipien unter der Prämisse häufiger kleiner Lernfortschritte, dann befindet man sich als Trainer oder Trainerin auf dem richtigen Weg.

Belastungskontrollen

Die Belastung der einzelnen Teilnehmer und Teilnehmerinnen ist sowohl vom Trainer bzw. der Trainerin als auch vom Übenden selbst während des Trainings einzuschätzen. Den Teilnehmern und Teilnehmerinnen ist zu vermitteln, dass hier eine falsche Scham praktiziert wird, wenn jemand seinen momentanen suboptimalen Zustand verbergen will. Parameter wie deutlich erhöhte Herz- oder Atemfrequenz sprechen dafür, dass hier Handlungsbedarf vorliegt, indem bspw. die Trainingsintensität verringert wird. Gerade bei der Absolvierung von Karatetechniken hat die Atmung eine besondere Rolle. Das Ausatmen am Ende einer Karatetechnik ist hier wichtig. Der gewünschte Effekt ist dabei die Atemkontrolle und die Stabilität des Körpers und der Technik.

Übungsstundenverlauf

Es versteht sich von selbst, dass die Übungsstunden zusammenhängend geplant werden. Diese Planung garantiert im hohen Maße den Erfolg für die Teilnehmer und Teilnehmerinnen.

Der Trainer bzw. die Trainerin erhält nachfolgend viele Anregungen für Übungen mit den unterschiedlichen Zielstellungen (z.B. Techniktraining, Gleichgewichtstraining). Es gilt nun unter Berücksichtigung konkreter Zielstellungen, äußerer Bedingungen und Voraussetzungen der Teilnehmerinnen und Teilnehmer, einen trainingswirksamen Ablauf des Gesamtkurses durch den Trainer / die Trainerin zu konzipieren.

Kursteilnehmeranzahl

Es ist vom Trainer / von der Trainerin vorab, auf der Grundlage der gemeldeten bzw. wirklich anwesenden Teilnehmern, einzuschätzen, wie viele Teilnehmer bzw. Teilnehmerinnen das vorgegebene Platzangebot effektiv für das Üben nutzen können. Des Weiteren ist die materielle Absicherung der notwendigen Übungsgeräte zu berücksichtigen. Einige Vereine habe zwar einen Zugang zu einer Sporthalle, aber keine Möglichkeit die entsprechende Anzahl von Kleingeräten zu transportieren. Das hier vorgestellte Übungsangebot sollte aber auch Alternativen aufzeigen, damit diese Situation so gut - und im Interesse der Teilnehmer - wie möglich geklärt werden kann.

Trainingsstruktur

Es ist zu berücksichtigen, dass die Teilnehmer und Teilnehmerinnen meist älter als 60 Jahre sind und in vielen Fällen in den letzten Jahren oder auch Jahrzehnten nicht sportlich aktiv waren. Dies bedeutet, dass es nicht das vorrangige Ziel ist sportliche Höchstleistung zu erzielen, sondern Kontinuität im sportlichen Trainieren zu erreichen, Sicherheit und das soziale Zusammengehörigkeitsgefühl zu stärken. Die zeitliche Struktur einer Übungsstunde, die im Allgemeinen bekannt sein sollte, wollen wir noch einmal hervorheben:

- Begrüßung und Feststellen der Anwesenheit,
- Vermittlung des Stundenziels, Einstimmung auf das Bevorstehende,
- Mobilisation im Sinne einer altersgerechten und am Ziel orientierten Erwärmung,
- Absolvierung der Übungen des Hauptteils der Trainingsstunde,
- Dehnungsübungen, um Muskelverkürzungen entgegenzuwirken,
- Entspannungsübungen, um Atem- und Pulsfrequenz wieder zu reduzieren und die trainierte Muskulatur zu erholen,
- Abschlussgespräch mit positiven als auch motivierenden Hinweisen.

Letzter Hinweis: Für die bessere Lesbarkeit haben wir nachfolgend nur die männliche Form verwendet.

6.3 Allgemeine Übungen

Unter allgemeinen Übungen, die wir in diesem Kapitel vorstellen, verstehen wir Übungen,

- die das statische Gleichgewicht (sGG),
- das dynamische Gleichgewicht (dGG),
- die Kraft (K) verschiedener Muskelgruppen oder auch
- die Koordination (KO) allgemein und unter bestimmten Aspekten

trainieren. Sie sollten immer in der einen oder anderen Weise in die Trainingsstunden mit einbezogen werden, da gerade im Seniorenalter, Gleichgewicht, Kraft und Koordination eine sehr wichtige Rolle spielen. Außerdem sind sie Voraussetzungen für eine möglichst gute Ausführung von Karatetechniken. Wir haben die Übungen mit diesen Abkürzungen (sGG, dGG, K und KO) gekennzeichnet und durchnummeriert. Außerdem sind am Rand jeder Übungsbezeichnung mittels kleiner Zeichen die notwendigen Materialen bzw. Trainingsgeräte dargestellt. Wir haben versucht, mit möglichst wenigen Trainingsmaterialien auszukommen. Diese können aber auch durch ähnliche Materialien, wie sie bspw. zu Hause vorhanden sind, ausgetauscht werden: gefüllte Getränkeflachen unterschiedlicher Größe oder auch Matten und Kissen.

Airex Balance Pad

Bosu-Balance-Trainer (Bosuball)

Pezziball

Kurzhanteln (0.5 kg bis 2.5kg)

Gymnastikmatte

Hand-Gymnastikball

Schwingstab

Tennisball

Steppbrett

Slalomstange

Statische Gleichgewichtsfähigkeit (sGG)

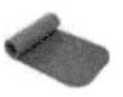 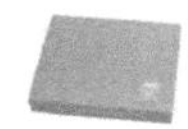 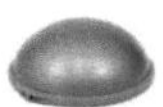

Fast alle der nachfolgend vorgestellten Übungen lassen sich durch die Wahl der Unterlage variieren. Zunächst kann die Übung auf einem festen Untergrund ausgeführt werden. Anschließend wird der Schwierigkeitsgrad durch die Unterlage erhöht. Wir verwendeten ein Airex Balance Pad und als besondere Schwierigkeit einen Bosu-Balance-Trainer (kurz: Bosuball). Aber auch dünnere und dickere Matten - bzw. für zu Hause Kissen und Decken - sind mögliche Alternativen.

Übung sGG-1: Beid- oder Einbein-Stand mit äußeren Impulsen

Der Teilnehmer steht beid- oder einbeinig auf einem Airex Balance Pad oder auf dem Bosuball. Der Partner gibt mit der Hand kurze leichte Impulse (zur Seite, nach vorn und nach hinten). Der Teilnehmer versucht diese Impulse auszubalancieren. Die Stärke der Impulse sollte der Leistungsfähigkeit des Teilnehmers entsprechen.

Der Einbeinstand auf dem Bosu-Balance-Trainer stellt eine besondere Herausforderung dar. Deshalb sollte der Partner hier eher unterstützend wirken.

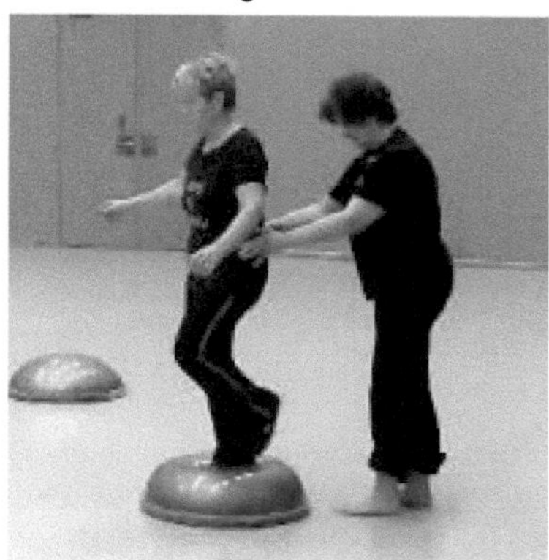

Übung sGG-2: Beid- oder Einbein-Stand mit Armbewegungen

Das Ausbalancieren kann man erschweren, indem zusätzliche Übungen, bspw. mit den Armen, ausgeführt werden. Das ermöglicht die Kombination mit Kräftigungs- und anderen Koordinations-Übungen. Es können auch karatespezifische Armtechniken mit einbezogen werden.

Übung sGG-2a: Kurzhantelübungen

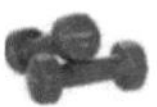

Es wird der zu trainierende Stand, auch mit variierender Unterlage, eingenommen. Nun erfolgen verschiedene Armübungen mit den Kurzhanteln. Folgende Varianten sind als Anregungen gedacht:

- Arme werden in Schulterhöhe vor dem Körper gestreckt und wieder durch Beugung im Ellenbogen zum Körper herangezogen
- Arme rotieren vor dem Körper gestreckt entgegengesetzt (in und entgegen dem Uhrzeigersinn)

Zu beachten ist, dass die Bewegungen langsam ausgeführt werden. „Schwungbewegungen" sind zu vermeiden.

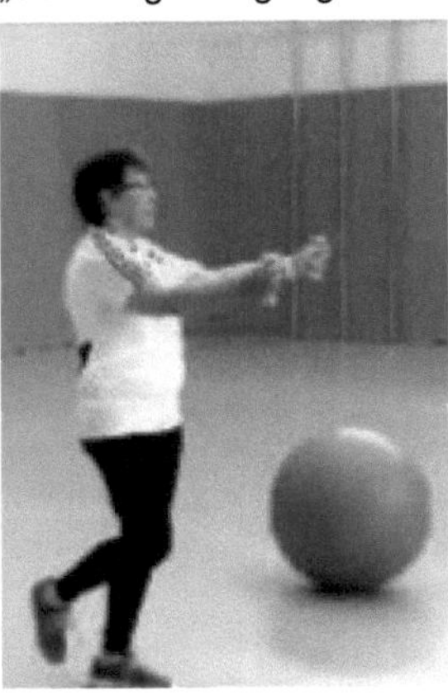

Übung sGG-2b: Bälle

Den beidbeinigen oder einbeinigen Stand kann man mit Ballprellübungen kombinieren, die einhändig, rechts und links im Wechsel oder beidhändig ausgeführt werden können. Wieder können die Unterlagen variiert werden. Gute Erfahrungen haben wir mit dem beidbeinigen Stand (als Herausforderung Ballenstand) auf dem Airex Balance Pad und dem Ballprellen gemacht.

Das Prellen kann auch so ausgeführt werden, dass die Person auf einem Bein steht und das andere vor dem Körper (gebeugt) möglichst weit nach oben zieht. Jetzt wird der Ball unter dem Bein von einer Seite zur anderen geprellt oder ggf. aufgefangen.

Übung sGG-2c: Schwingstabübung

Bei den unterschiedlichen Ständen auf den Unterlagen können auch gleichzeitig Übungen (ein- oder beidarmig) mit einem sogenannten Schwingstab ausgeführt werden. Dadurch wird neben dem Gleichgewichtstraining auch eine

Ganzkörperkräftigung erzielt. Viele Anleitungen für Schwingstabübungen werden vom Hersteller gleich mitgeliefert bzw. finden sich im Internet.

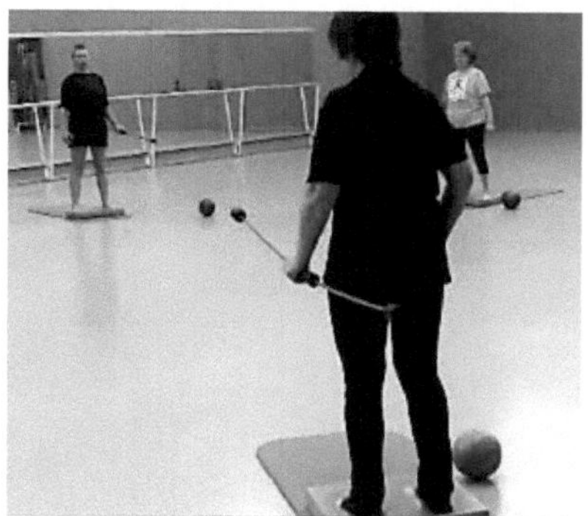

Übung sGG-3: Einbeinstand mit Beinbewegungen

Die Schwierigkeit des Einbeinstandes, egal auf welcher Unterlage, kann dadurch variiert und erschwert werden, dass man mit dem Nicht-Standbein folgende Übungen durchführt:

- Beinschwingen vorwärts, rückwärts oder seitwärts,
- Tritte vorwärts, rückwärts oder seitwärts.

Bei den Tritten wird nicht gefordert, dass es sich um korrekt ausgeführte Karate-Tritte handelt. Das kann man Jüngeren oder Dananwärtern überlassen.

Eine weitere Variante besteht darin, dass die Übung bereits damit beginnt, dass ein Bein auf das Pad aufsetzt, dann zum Beispiel ein Tritt ausgeführt wird und anschließend vorwärts (oder auch rückwärts) vom Pad abgestiegen wird. Wichtig dabei ist, dass es sich um eine flüssige Bewegung handelt und der Tritt so beherrscht wird, dass der Körper nach seiner Ausführung nicht „hinterher fällt“.

Dynamische Gleichgewichtsfähigkeit (dGG)

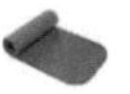  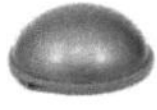

Das dynamische Gleichgewicht ist meist im Alltag entscheidender für eine Sturzprophylaxe als das statische Gleichgewicht. Deshalb hier ein paar Übungen, die wir insbesondere mit dem Bosuball praktiziert haben, der für unsere Kursteilnehmer eine besondere Herausforderung war und ist.

Übung dGG-1: Gehen über den Bosuball vorwärts / rückwärts

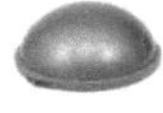

Der Teilnehmer geht vorwärts bzw. rückwärts, so dass immer ein Fuß auf den Bosuball platziert wird.

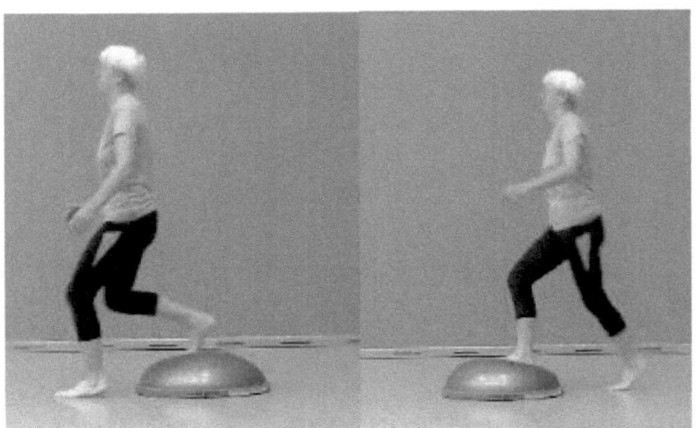

Übung dGG-2: Gehen über den Bosuball seitwärts

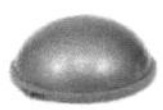

Analog zur Übung dGG-1 wird jetzt seitwärts über den Bosuball gegangen, so dass auf dem Bosuball kurzzeitig beide Füße stehen.

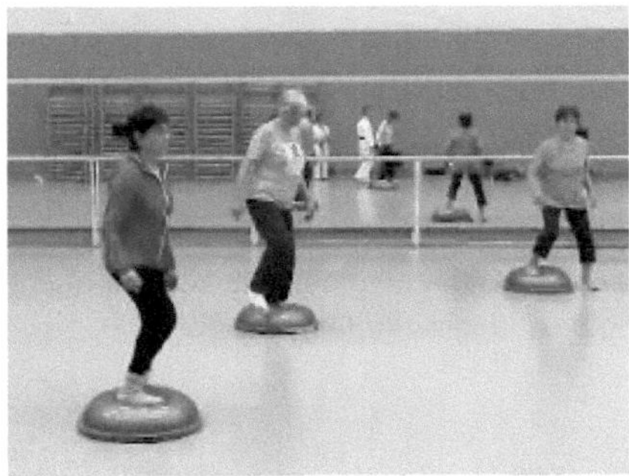

Übung dGG-3: Doppeltes Steppen auf dem Bosuball mit Zukis

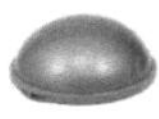

Bei dieser Übung kommt es neben der Gleichgewichtsfähigkeit auf eine gute Arm-Bein-Koordination an. Der Teilnehmer geht wieder auf den Bosuball, macht auf diesem zwei Stepp-Schritte und gleichzeitig möglichst schnelle Zukis. Dabei kommt es nicht auf die korrekte Zuki-Ausführung an.

Übung dGG-4: Kniebeuge auf dem Bosuball mit Zukis

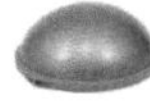

Bei dieser Übung bleibt der Teilnehmer auf dem Bosuball und führt Halbkniebeuge aus. Empfehlenswert ist es hierbei die Füße nicht mittig auf den Bosuball zu platzieren, sondern seitlich. Gleichzeitig werden, wie in Übung dGG 3, noch Zukis aber mit mittlerer Bewegungsgeschwindigkeit ausgeführt.

Übung dGG-5: Gehen auf den Bosuball mit Armkreuzen

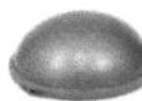

Der Bosuball befindet sich vor dem Teilnehmer. Dieser tritt auf den Bosuball. Im beidbeinigen Stand werden nacheinander die Arme überkreuzt, so dass die Hände zur Schulter fassen. Dann wird wieder rückwärts abgestiegen. Sobald der Stand erreicht ist, können die Arme wieder seitwärts hängen gelassen werden.

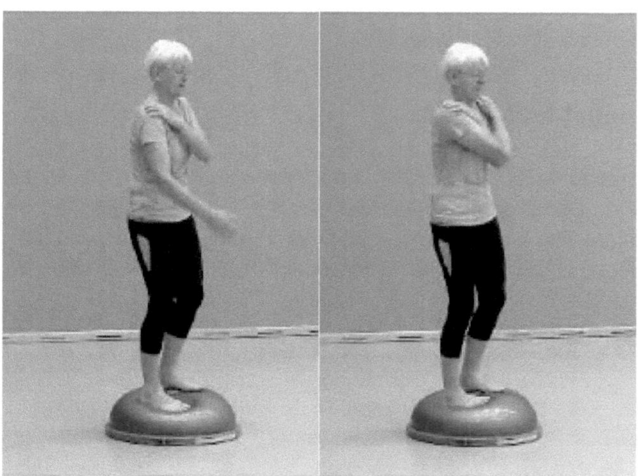

Kraftfähigkeiten (K)

Da im Alter die Muskulatur zurückgeht, ist es besonders wichtig, im Training auch Kräftigungsübungen mit einfließen zu lassen. Anzumerken ist, dass es hierbei niemals um Maximalkrafttraining geht, sondern vielmehr um Kraftausdauer, also 30% bis maximal 70% der Maximalkraft. Die Anzahl der Wiederholungen sind entsprechend dem Leistungsstand der Teilnehmer anzupassen.

Übung K-1: Kniebeugen mit beidarmigen synchronen Zukis

Hierbei können Kniebeugen im herkömmlichen Sinn (Füße stehen schulterbreit auseinander) ausgeführt werden oder es wird stattdessen in den Kiba-Dachi gegangen. In der Ausgangsposition befinden sich beide Fäuste im Hikite. Während des Absenkens des Körperschwerpunktes werden beide Fäuste gleichzeitig nach vorn (Chudan-Bereich) mit der Zuki-Technik - bloß langsamer - geführt. Bei der Aufwärtsbewegung werden die Fäuste wieder zurück ins Hikite bewegt.

Übung K-2: Kniebeugen mit beidarmigen asynchronen Zukis

Diese Übung erfordert ein relativ hohes Koordinationsniveau und Rhythmusgefühl. Die Beinbewegung ist analog zur Übung K1. Während des Absenkens des Körperschwerpunktes erfolgt nur mit einer Faust ein Zuki. Erst am tiefsten Punkt des Körperschwerpunkts wird der Zuki mit der zweiten Faust ausgeführt und die erste Faust geht wieder zurück ins Hikite Bei der anschließenden Aufwärtsbewegung wird dann auch die zweite Faust ins Hikite bewegt.

Übung K-3: Schwingstabübungen

Ähnlich wie in der Übung sGG 2c werden verschiedene Übungen mit einem Schwingstab ausgeführt. Damit wird ein Ganzkörper-Kräftigungs-Training erzielt. Variiert werden die Stände. Am besten ist es, man fängt im Kiba-Dachi an und kann dann ggf. die gleiche Übung auch im Zenkutsu-Dachi oder Kokutsu-Dachi durchführen.

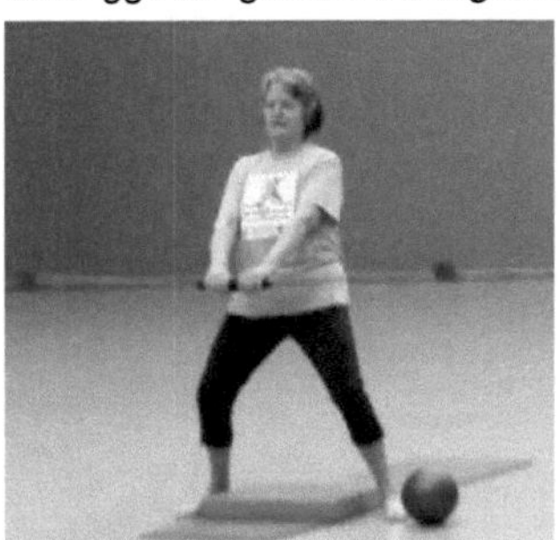

Übung K-4: Schwingstabübungen im Zenkutsu-Dachi und Airex Balance Pad

Schwingstabübungen zur Ganzkörperkräftigung können auch mit verschiedenen Ständen variiert werden, wie beispielsweise dem Zenkutsu-Dachi. Weiterhin kann auch ein Airex Balance Pad verwendet werden. Im Zenkutsu-Dachi kann bspw. der vordere Fuß auf das Pad gesetzt werden.

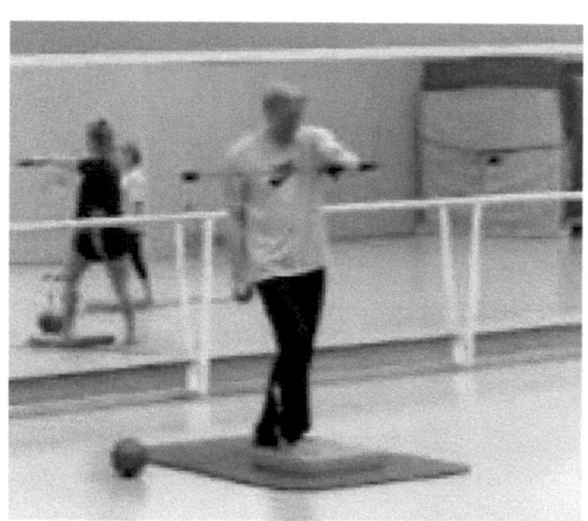

Übung K-5: Heben und Senken eines Pezziballs im Kiba-Dachi

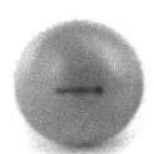

Die Person steht hinter einem Pezziball. Die Füße sind breit auseinander gestellt. Mit geradem Rücken und achsengerechter Kopfhaltung wird möglichst tief in den Kiba-Dachi gegangen und der Ball an beiden Seiten mit den Händen erfasst. Bei der Aufwärtsbewegung bis zur Beinstreckung wird der Ball bis in Schulterhöhe angehoben. Dann erfolgt das gleichzeitige Absenken und Ablegen des Balles mit der Einnahme des Kiba-Dachi. Die Übung kann erweitert werden, indem versucht wird, den Ball möglichst nach Innen zusammenzudrücken, wodurch zusätzlich die Brustmuskulatur gefordert wird.

Übung K-6: Sitzen und Aufstehen mit Ball

Der Teilnehmer sitzt beispielsweise auf einer Bank und hält mit beiden Händen einen Ball, wobei die Arme vor dem Körper ausgestreckt sind. Wir verwendeten einen Tennisball. Es wird nun aufgestanden, wobei die Arme mit dem Tennisball zur Brust geführt werden. Das Aufstehen sollte möglichst ohne Schwungbewegung und mit nicht allzu weit vorgebeugtem Oberkörper erfolgen, um die Beinmuskulatur zu trainieren. Beim langsamen Hinsetzen werden die Arme wieder ausgestreckt.

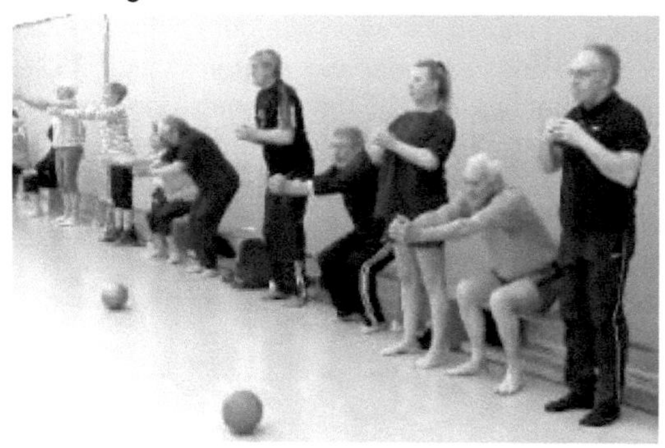

Übung K-7: Rückenübung mit Kurzhanteln

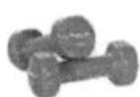

Im schulterbreiten Stand wird der Oberkörper leicht nach vorn gebeugt, wobei der Rücken unbedingt gerade zu halten ist. Der Blick ist schräg nach vorn gerichtet. Die Hände umfassen die Kurzhanteln, werden langsam seitwärts bis zur Schulterhöhe bewegt und dann langsam wieder abgesenkt. Wichtig ist neben der korrekten Haltung, dass die Hantellast nicht zu groß gewählt wird.

Übung K-8: Ausfallschritt auf Airex Balance Pad

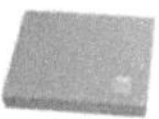

Um ein Rutschen zu vermeiden, sollte das Airex Balance Pad auf eine Matte gelegt werden. Vor der eigentlichen Übung wird der vordere Teil des Fußes so auf das Pad gestellt, dass die Ferse das Pad nicht berührt. Aus dieser Ausgangsposition erfolgt nun ein Ausfallschritt nach hinten. Im Folgenden wird der vordere Fuß neben den Hinteren gestellt und die Bewegung wird mit einem Ausfallschritt des zuletzt hinteren Fußes nach vorn auf das Pad in die nun gewechselte Ausgangsposition abgeschlossen. Über die Anzahl der Wiederholungen wird die Intensität zum Training der unteren Extremitäten definiert.

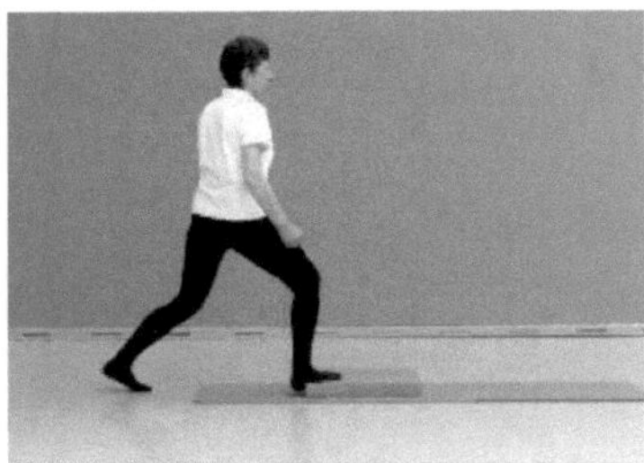

Übungen K-9: Kurzhantelübungen

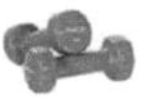

Die hier beschriebenen Kurzhantelübungen dienen insbesondere der Kräftigung der Arm-, Schulter- und Brustmuskulatur sowie der Muskulatur des oberen Rückens. Die nachfolgenden Beschreibungen sollen eher als Anregungen dienen und können selbstverständlich abgewandelt und ergänzt werden. Die Teilnehmer können sich die Hantelgewichte selbst wählen. Bei unserem Training haben wir den Frauen Hanteln zwischen 1 kg und 1,5 kg und den Männern zwischen 2 kg und 2,5 kg empfohlen. Das sind aber nur Richtwerte, die individuell durchaus verschieden sein können. Stehen keine Kurzhanteln zur Verfügung, können gefüllte Trinkflaschen ebenso verwendet werden.

Übung K-9a: Armkreisen

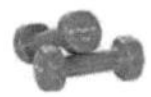

Während des Gehens (auch rückwärts möglich) wird ein seitliches Armkreisen mit kleiner Amplitude ausgeführt. Größere Amplituden sollten vermieden werden, da dies zu größerer Beanspruchung der Gelenke führt. Eine koordinative Herausforderung stellt die gegensätzliche Rotationsbewegung der Arme dar.

Übung K-9b: Biceps-Curls

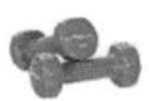

Während des Gehens werden wechselseitig Biceps-Curls ausgeführt. Dabei sollten jegliche Schwungbewegungen vermieden werden.

Übung K-9c: Hantel-Zukis

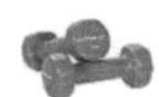

Während des Gehens werden wechselseitig Zukis, deren Geschwindigkeit an den Gang angepasst ist, ausgeführt. Es ist darauf zu achten, dass bei der Hinführung des Zukis die Handoberfläche oben ist und bei der Zurückführung unten.

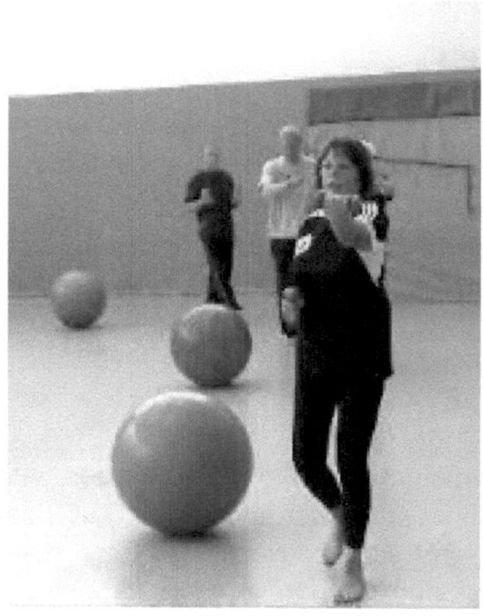

Übung K-9d: 90°-Armheben und –senken

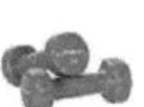

Die Arme werden gestreckt in die Horizontale gebracht und wieder abgesenkt. Dabei bewegt sich jeweils ein Arm nach vorn und der andere zur Seite, sodass der Winkel zwischen den Armen 90° beträgt. Danach bewegt sich der andere Arm nach vorn bzw. zur Seite.

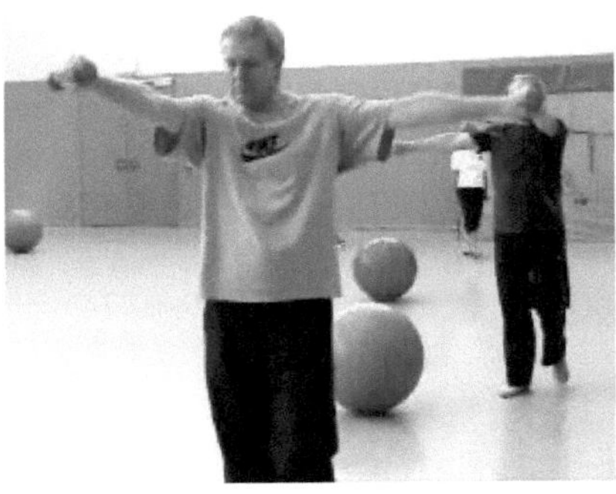

Koordination (KO)

Nachfolgend sind einige Übungen beschrieben, die dem Trainieren der allgemeinen Koordination dienen sollen.

Die ersten Übungen zeigen wie sich mit Hilfe eines Steppbretts viele koordinative Übungsvarianten kreieren lassen. Dann folgen Übungen mit unterschiedlichen Bällen.

Übung KO-1: Gehen über das Steppbrett

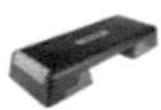

Zur Gewöhnung kann man die Teilnehmer erst einmal längs über das Brett laufen lassen. Die Rücktour zum Ausgangspunkt erfolgt im Rückwärtsgehen auf dem Boden. Dabei kann man variieren: bei der ersten Runde wird zurück um das Steppbrett links herum gegangen und in der darauffolgenden Runde rechts herum.

Übung KO-2: Drehung auf Steppbrett

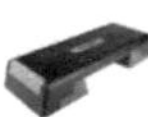

Das Steppbrett liegt längs zur Bewegungsrichtung und rechts in Bezug zur Person.

Der rechte Fuß wird auf das Brett gestellt, das Körpergewicht auf diesen verlagert und mit 180° um das aufgestellte Bein gedreht. Hierbei berührt der unbelastete Fuß das Brett nicht, sondern wird langsam auf der anderen Seite abgesetzt. Das kann man beliebig wiederholen bzw. den Fuß und damit auch die Seite des Steppbretts wechseln.

Übung KO-3: Gehen über Steppbrett quer mit Armbewegung

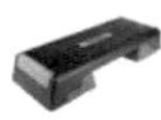

Die Person steht am kurzen Ende, so dass das Brett rechts von ihr steht. Es wird der linke Fuß (vor dem rechten Bein) auf das Brett gesetzt, der rechte Fuß wird schulterbreit am Ende des Bretts aufgesetzt. Mit dem linken Fuß wird hinter dem rechten Bein auf den Boden abgesetzt. Dann erfolgt das Ganze analog bloß seitenverkehrt, indem zuerst der rechte Fuß (vor dem linken Bein) auf das Brett gesetzt wird usw. Zu dieser Beinbewegung wird gleichzeitig die Arm-Hampelmann-Bewegung ausgeführt. Dabei sind die Arme oben, wenn ein Fuß auf dem Brett positioniert ist und die Arme unten, wenn die Person entweder auf dem Brett mit beiden Füßen oder seitlich vom Brett steht.

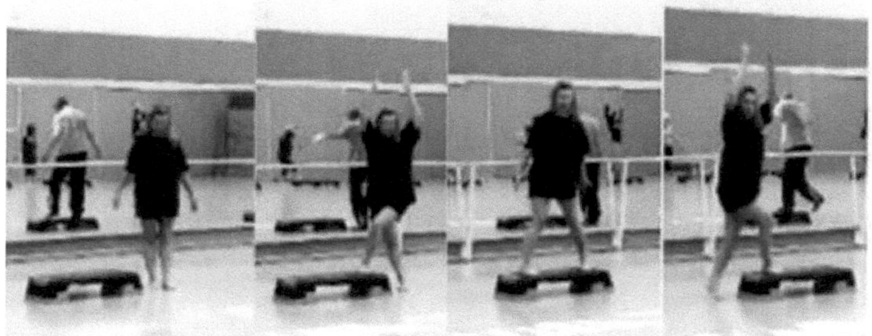

Übung KO-4: Rückwärtstritt gegen Pezziball

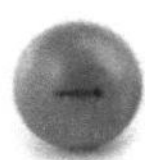

Um die eigene Körperwahrnehmung zu trainieren sind rückwärtige Bewegungen geeignet. Dies könnte zum Beispiel der rückwärtige Tritt gegen einen Pezziball sein. Durch die Größe des Balls kommt es also nicht so sehr auf die Treffergenauigkeit an. Wenn die Übung zu zweit durchgeführt wird, fängt der Partner den Ball auf und tritt dann selbst. Zu beachten ist, dass sich der Ball in Ruhe befinden sollte und bei der Trittbewegung das Bein nicht vollständig zu strecken ist.

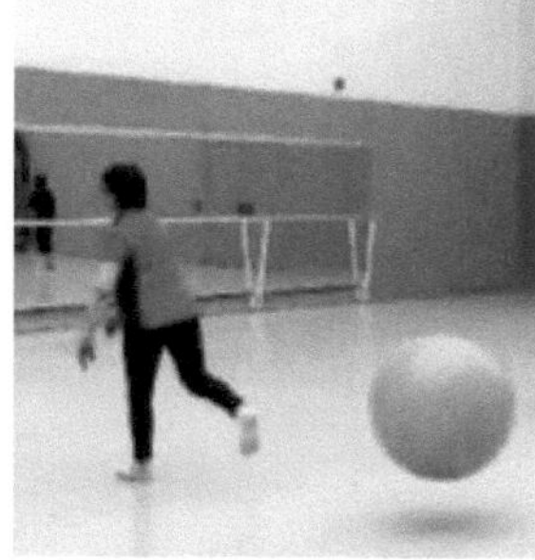

Übung KO-5: Dribbeln um Hindernisse mit verschiedenen Bällen

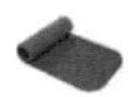

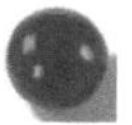

Es wird das Dribbeln im Gehen um kleine Hindernisse geübt. Das kann zunächst mit einem Gymnastikball erfolgen. Ein „einfaches Hindernis“ kann aber auch eine

Gymnastikmatte sein. Hier hat der Teilnehmer die Aufgabe den Ball um die Matte vorwärts oder rückwärts zu dribbeln. Wichtig bei diesen Übungen ist die geteilte Aufmerksamkeit sowohl auf das Dribbeln als auch auf das Gehen um Hindernisse.

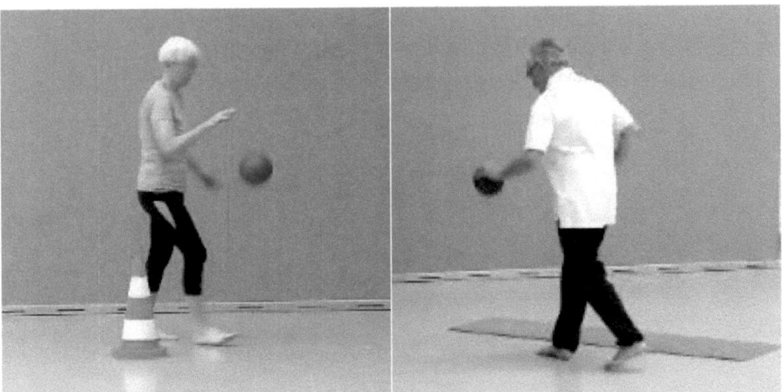

Während viele Ballübungen mit einem Gymnastikball durchgeführt werden, ist es ratsam, auch mal die Ballart zu wechseln. So kann das Dribbeln mit einem Tennisball durchaus eine Herausforderung darstellen.

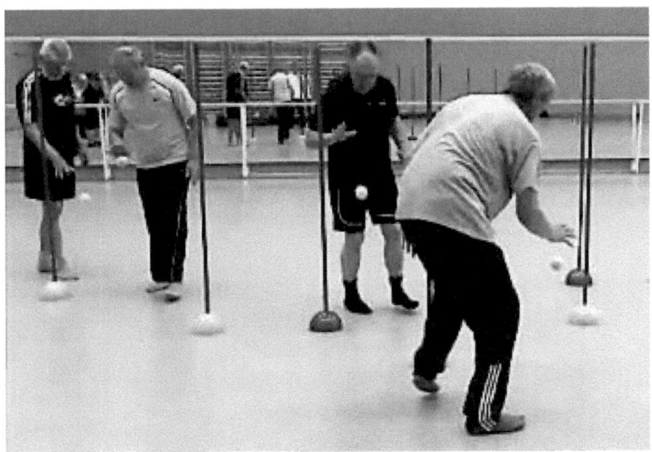

Übung KO-6: Ballführung mit 2 Tennisbällen

Auch das Ballführen mit dem Fuß, welches unsere Teilnehmer vom Fußballspielen aus der Kindheit und Jugendzeit kannten und sicher auch recht gut beherrschten, ist mit Tennisbällen wieder eine neue Erfahrung. Gesteigert wird dies, wenn statt einem Ball zwei Bälle mit dem Fuß geführt werden sollen.

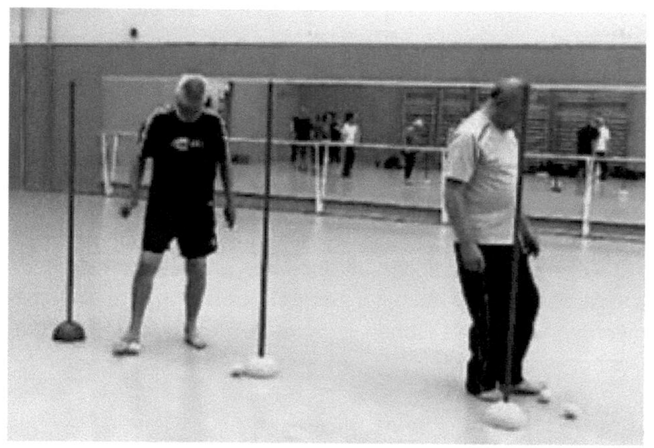

Übungen KO-7 Übungen mit zwei Gymnastikbällen

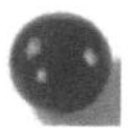
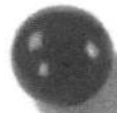

Den Karatetechniken ist es eigen, dass beide Arme meist unterschiedliche Bewegungen ausführen. Das ist für den Anfänger meist sehr schwer und fällt auch im späteren Erwachsenenalter nicht leicht. Die nachfolgenden Übungen, jeweils mit zwei Gymnastikbällen, sollen deshalb die Koordination unterschiedlicher Bewegungen beider Arme trainieren.

Übung KO-7a

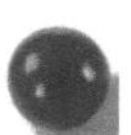
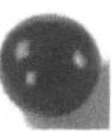

Während mit der einen Hand der Ball zum Boden geprellt wird, hat die andere Hand die Aufgabe den zweiten Ball zu halten, wobei der gestreckte Arm mit kleiner Bewegungsamplitude von oben nach unten und von unten nach oben leicht geschwungen wird.

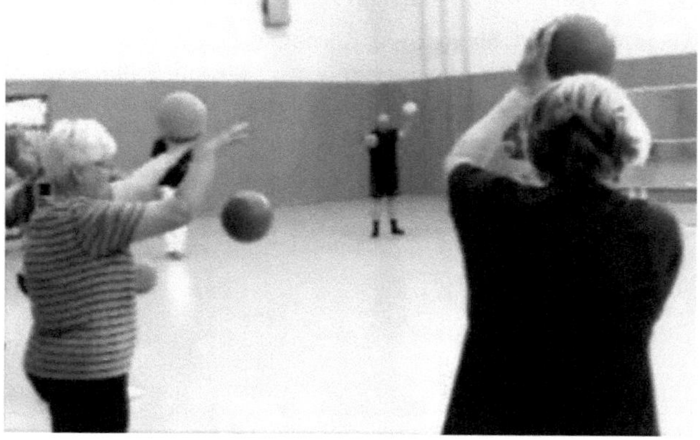

Übung KO-7b

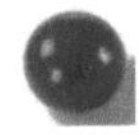 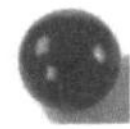

Die Übung KO-7a wird so abgewandelt, dass der zweite Arm nun quer, also parallel zum Boden, vor dem Körper hin und her bewegt wird.

Übung KO-7c

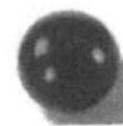 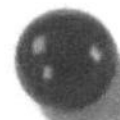

Die vorherigen Übungen KO-7a und KO-7b finden im Vorwärts- und Rückwärtsgehen statt. Sollte dies zu anspruchsvoll sein, kann statt der zweiten Bewegung eine einfache Halteposition ausgeführt werden. Auch das Gehen um den ausgestreckten Arm, der den Ball hält, stellt eine Übungsvariante dar.

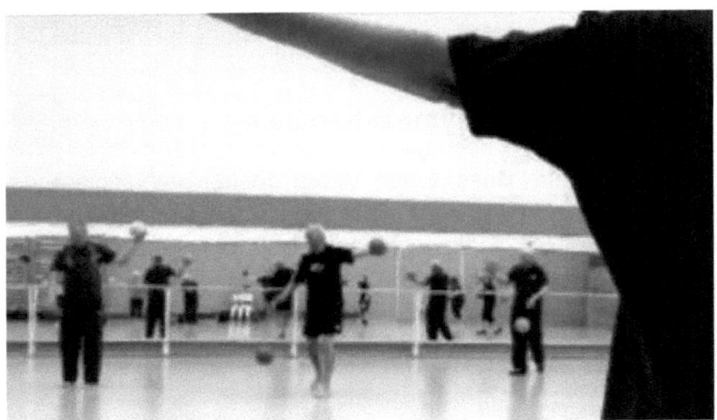

Übung KO-7d

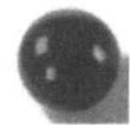 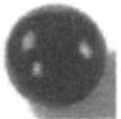

Jede Hand hält einen Ball. Im Vorwärts- und Rückwärtsgehen werden die Bälle bis zum Kontakt in unterschiedlicher Weise mit gestreckten Armen geführt, z.B.:

- Beidarmiges Schwingen vor und hinter dem Körper, dann in Kombination, indem jeweils vor dem Körper ein Arm von oben nach unten und der andere Arm von unten nach oben bis zum Ballkontakt bewegt wird.

Abschließend zu den Übungen mit zwei Bällen sollte erwähnt werden, dass durchaus auch zwei unterschiedliche Bälle für die einzelnen Übungen verwendet werden können. So muss sich der Übende auf die unterschiedlichen Prell-, Flug- und Rolleigenschaften der Bälle einstellen.

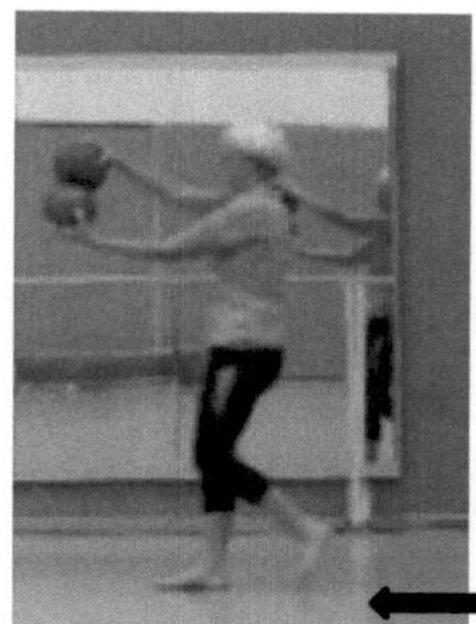
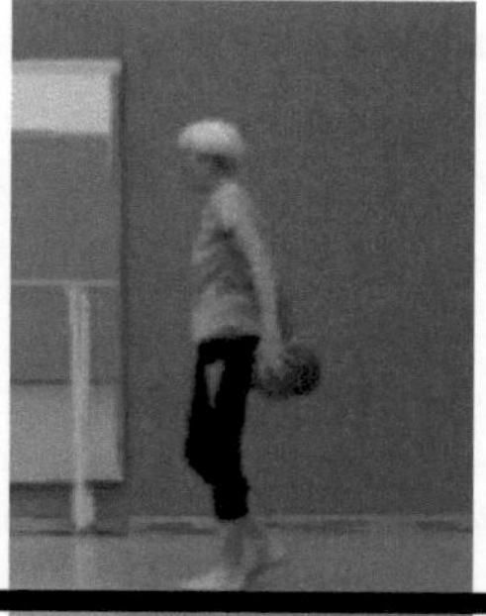
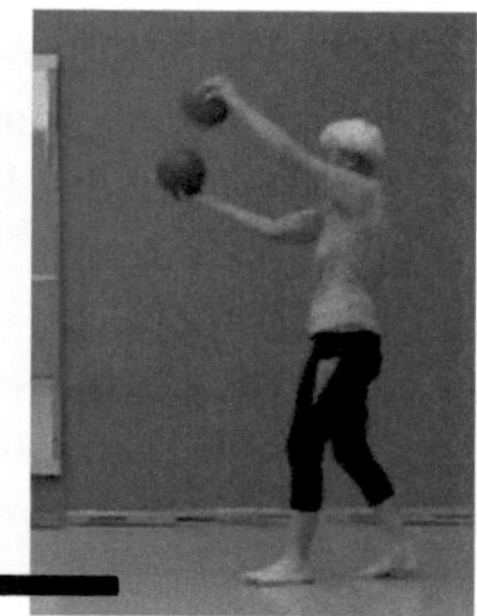

Übung KO-8: Ballprellen im Gehen

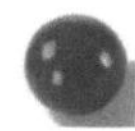

Der Teilnehmer geht mit normaler Geschwindigkeit und prellt einen Gymnastikball abwechselnd mit der linken und der rechten Hand. Die Übung kann so variiert werden, dass in Bezug zum jeweils vorderen Bein gleichseitig oder entgegengesetzt geprellt wird. Auch das Prellen mit beiden Händen stellt eine weitere Variante der Übung dar. Selbstverständlich kann der Ball auch im Rückwärtsgehen geprellt werden.

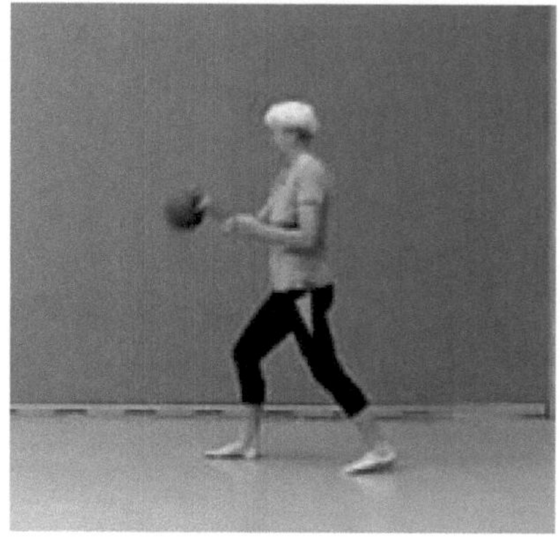

Übung KO-9: Ballprellen und Ballführen im Gehen

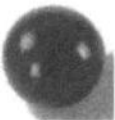
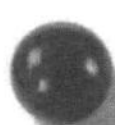

Um die Koordination von Arm- und Beinbewegung weiter zu schulen, kommt zum Ballprellen (Übung KO-8) noch das gleichzeitige Führen eines zweiten Balles mit dem Fuß hinzu.

6.4 Karatespezifische Übungen

Die nachfolgenden Übungen dienen dazu, die einzelnen Stände und Techniken möglichst variantenreich zu üben und zu festigen.

6.4.1 Stände

Unser Training bezog sich ausschließlich auf das Üben der Stände Kiba-Dachi, Zenkutsu-Dachi und Kokutsu-Dachi. Insbesondere letzterer ist mit zunehmendem Alter schwierig, da die nötige Beweglichkeit im Hüftgelenk fehlt.

Kiba-Dachi (KB)

Übung KB-1: Standhilfe mit Airex Balance Pad

Damit die Teilnehmer ein Gefühl dafür entwickeln wie weit die Füße voneinander entfernt stehen sollten, verwendeten wir ein Airrex Balance Pad. Das Pad wird zwischen die Füße gelegt, die Person steht im KB und der Körperschwerpunkt wird so weit wie möglich abgesenkt, ohne dass der Oberkörper nach vorn geneigt ist. Zu beachten ist, dass die Knie nicht nach innen „einbrechen“. Möglicherweise hilft es, wenn die Füße etwas nach außen gedreht werden.

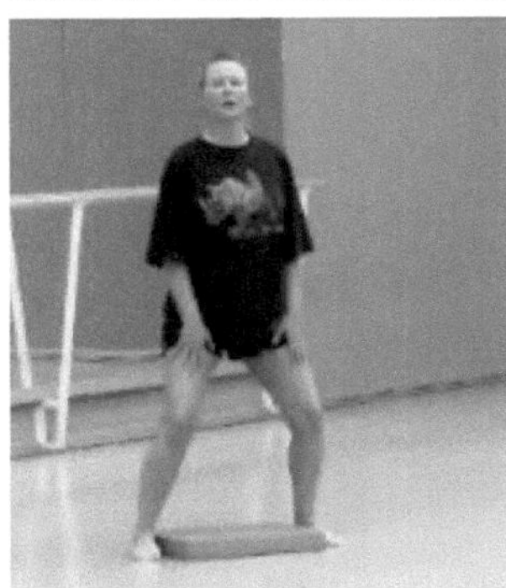

Übung KB-2: Standhilfe mit Pezziball

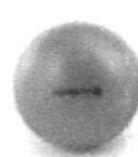

Um die Standtiefe zu trainieren, verwendeten wir einen Pezziball. Die Person steht hinter dem Pezziball, mit den Füßen in Kiba-Dachi-Position. Die Arme werden nach vorn etwas ausgestreckt, die Hände sind offen und die Handflächen zeigen nach unten. Nun wird der Körper so weit abgesenkt, bis die Handflächen den Ball berühren. Dann erfolgt die Aufwärtsbewegung. Die Übung kann mehrmals wiederholt werden, um auch gleichzeitig die Beinmuskulatur zu trainieren.

Übung KB-3: Kiba-Dachi mit Ballprellen

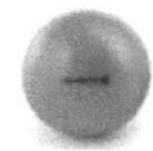

Die Stellung KB wird nicht verändert. Ein Gymnastikball wird auf den Boden geprellt und mit der anderen Hand aufgefangen. Dann werden beide Arme waagerecht zur Seite geführt. Anschließend wird mit der Hand geprellt, die den Ball zuvor gefangen hatte, usw.

Übung KB-4: Kiba-Dachi mit Kurzhanteln

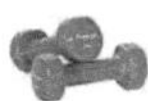

Im Stand Kiba-Dachi werden mit den Kurzhanteln verschiedene Übungen ausgeführt. Dadurch wird nicht nur der Stand gefestigt, sondern auch eine Kräftigung des gesamten Körpers erzielt. Mögliche Variantenvorschläge sind:

- Arme in der Seithalte (Schulterhöhe) schwingen synchron mit kleiner Amplitude nach oben und unten
- Arme in der Vorhalte (Schulterhöhe) schwingen mit kleiner Amplitude abwechselnd nach oben und unten

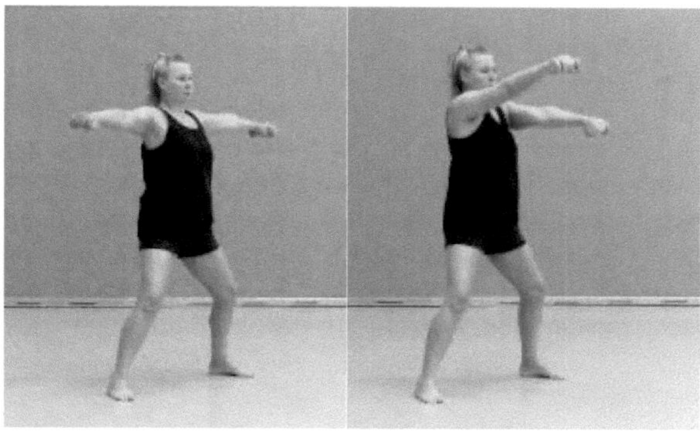

Zenkutsu-Dachi (ZK)

Die ersten Übungen sollen ein paar Möglichkeiten demonstrieren, ein Gefühl für den richtigen Stand und die ungleiche Gewichtsverlagerung auf vorderes und hinteres Bein zu bekommen.

Übung ZK-1: Zenkutsu-Dachi mit Bosuball

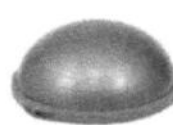

Der vordere Fuß wird auf den Bosuball oder eine andere labile bzw. weiche Unterlage gestellt, wodurch auch gleichzeitig die kleineren Beinmuskeln trainiert werden. Wichtig ist, dass der Unterschenkel möglichst senkrecht zur Oberfläche steht, damit das Knie nicht zu stark beansprucht wird. Analog kann man auch verfahren, indem das hintere Bein auf den Bosuball gestellt wird.

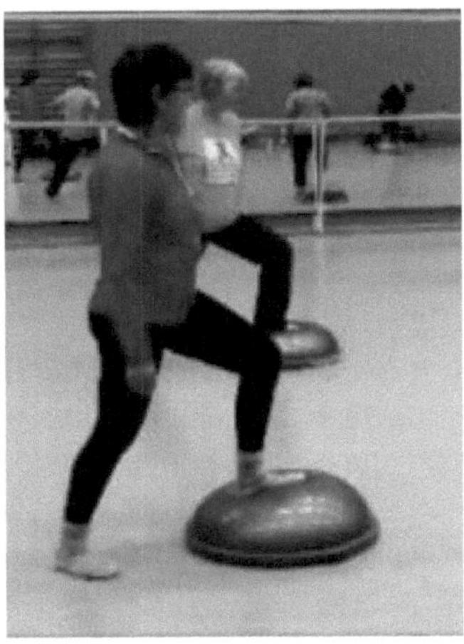

Übung ZK-2: Zenkutsu-Dachi auf Matte mit Drehung des Oberkörpers

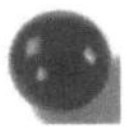 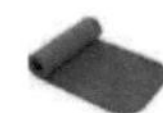

Damit der Zenkutsu-Dachi (ZK) möglichst hüftbreit erfolgt, können als Hilfsmittel bzw. Orientierungshilfe die Gymnastikmatte oder zwei Seile in hüftbreitem Abstand auf dem Boden verwendet werden. Der ZK wird eingenommen, dann wird der Oberkörper, der zuerst frontal ausgerichtet ist, eingedreht (ca. 90°) und danach wieder in die Ausgangsposition zurückbewegt. Um später die Aufmerksamkeit etwas vom Stand wegzulenken, nutzten wir einen Gymnastikball, der in jeder der beiden Positionen mit beiden Händen von der Brust waagerecht vor den Körper bewegt (Streckung der Arme) und wieder zurückbewegt (Richtung Brust) wird.

Übung ZK-3: Zenkutsu-Dachi mit Ballprellen

Bei dieser Übung wird der ZK eingenommen und ein Gymnastikball unter dem vorderen Bein von einer Hand zur anderen geprellt. Nach mehreren (gelungenen) Wiederholungen wird das Bein gewechselt.

Übung ZK-4a: Gehen im Zenkutsu-Dachi mit Armübungen I

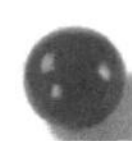

Bei dieser Übung wird im ZK vorwärts- oder auch rückwärtsgegangen. Wenn das funktioniert, kommen kleine Übungen mit dem Ball hinzu. Beispielsweise wird der Ball mit beiden Händen gehalten und waagerecht vor dem Köper halbkreisförmig bewegt. Dies kann entgegengesetzt zur Beinbewegung erfolgen oder auch parallel dazu.

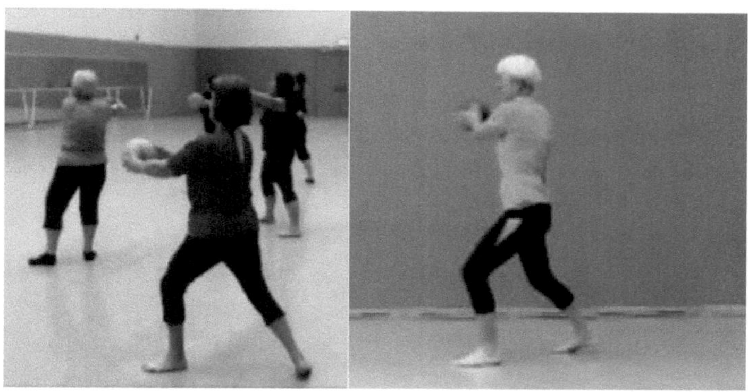

Übung ZK-4b: Gehen im Zenkutsu-Dachi mit Armübungen II

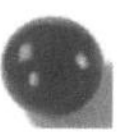

Diese Übung ist analog zu Übung ZK-4a. Nur erfolgt hier nach jedem ZK-Schritt eine Armstreckung mit dem Ball nach vorn und anschließend nach oben.

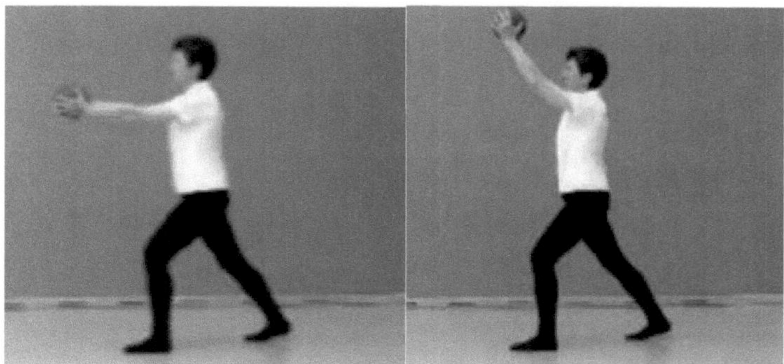

Kokutsu-Dachi (KK)

Die für den ZK beschriebenen Übungen lassen sich auch entsprechend mit dem KK durchführen.

Nachfolgend seien noch einige Übungen erläutert, bei der es um den Wechsel zwischen den beiden Ständen (ZK und KK) geht.

Übung ZK/KK-1: Ballfangen mit Partner

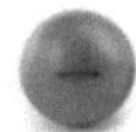

Beide Teilnehmer stehen sich gegenüber und werfen oder prellen einen Pezziball zueinander. Dabei stehen beide im ZK. Auf Signal wird, ohne Unterbrechung des Ballprellens, der ZK-Stand in den KK-Stand, beim folgenden Signal zurück in den ZK-Stand gewechselt.

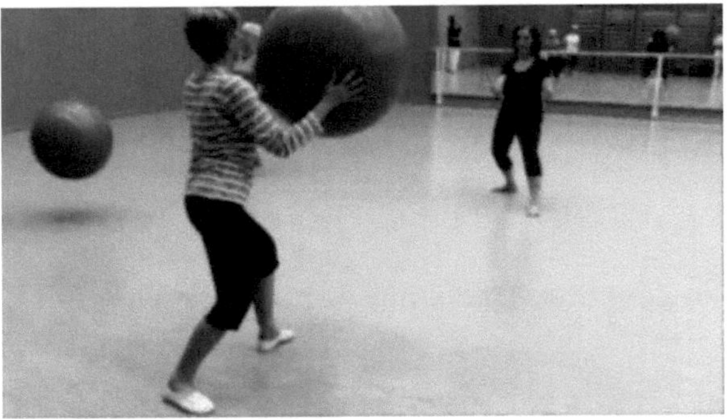

Übung ZK/KK-2: Ball durch Bein

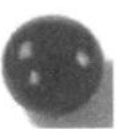

Ein Ball wird unter das Bein von einer Hand zur anderen gegeben. Wie in Übung KZ/KK-1 erfolgt auf Signal der Wechsel von einem Stand zum anderen.

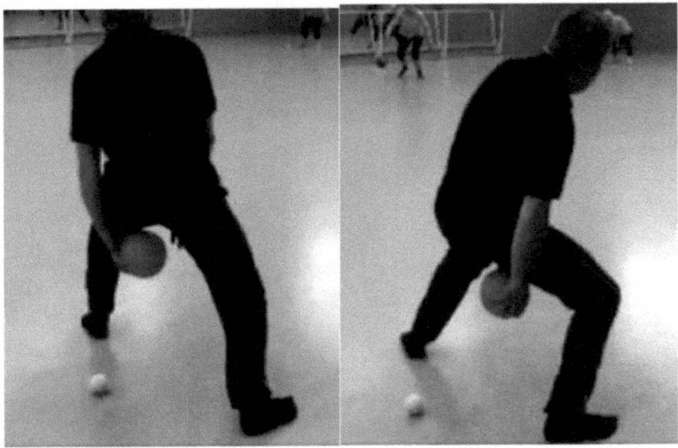

6.4.2 Einzeltechniken (T)

Übung T-1: Karatetechniken auf Pezziball

Folgende Karate-Armtechniken können auch auf dem Pezziball ausgeführt werden: Zukis, Age-Uke, Soto-Uke, Shuto-Uke und Uchi-Uke. Ebenfalls ist auch ein Vorwärtstritt möglich. Diese karatespezifischen Übungen können durchaus mit anderen Übungen auf dem Pezziball kombiniert bzw. abgewechselt werden, um bspw. das Gleichgewicht zu schulen.

Eine Vorbemerkung ist für die nachfolgenden Übungen sehr wichtig. Es geht weniger darum, die Karatetechniken möglichst perfekt ausführen zu können bzw. dies zu trainieren. Unser Hauptaugenmerk liegt darauf, diese Techniken zu nutzen, um insbesondere die entsprechende Koordination zu schulen. Dass damit sicher auch ein Techniktraining verbunden ist, ist ein schöner Nebeneffekt.

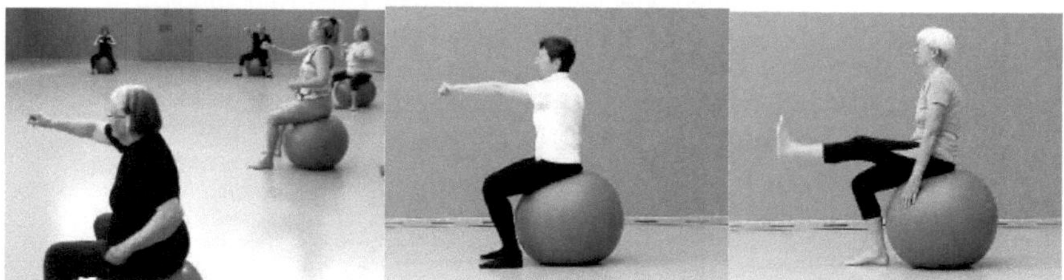

Übung T-2: Armtechniken mit Kurzhanteln

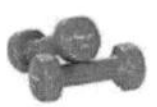

Um den Fokus auf die Technik zu legen und gleichzeitig auch ein Kräftigungstraining zu absolvieren, können viele Armtechniken auch mit Kurzhanteln im Stand oder in der Vorwärts- bzw. Rückwärtsbewegung durchgeführt werden. Wichtig dabei ist, dass die Bewegungen langsam ausgeführt werden, damit es durch die zusätzliche Last nicht zu Gelenkschädigungen kommt.

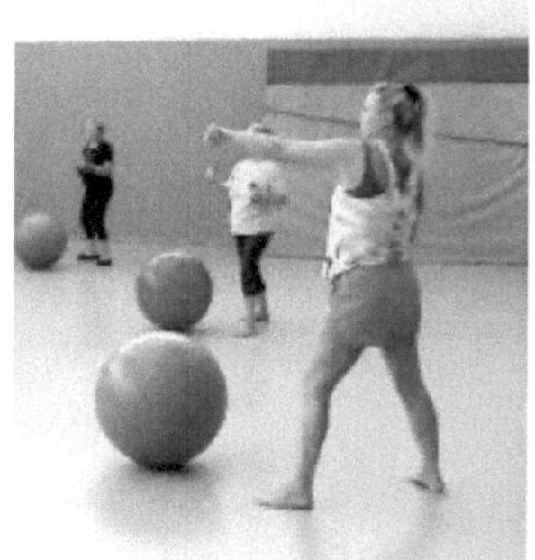

Übung T-3: Armtechniken im Gehen über Steppbrett

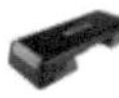

Diese Übungen dienen der gleichzeitigen Koordination der Karate-Armtechniken mit Beinbewegungen. Dabei kommt es nicht auf die korrekten Karatestände an, sondern darauf, dass die Armtechniken im Rhythmus des Gehens ausgeführt werden. Wir nutzten als kleine Herausforderung ein Steppbrett. Der Teilnehmer sollte nun über das Steppbett (längs) gehen. Dabei erfolgt beim ersten Aufsetzen auf das Brett die erste Technik (z.B. ein Gedan-Barei) und beim zweiten Schritt (Absetzen auf den Boden) die zweite Technik. Hier lassen sich die verschiedenen Techniken auch variieren. Anschließend wird wieder zur Ausgangposition zurückgegangen.

Übung T-4: Armtechniken mit Gymnastikbällen

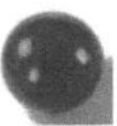
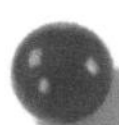

Jede Hand hält einen Gymnastikball. Es werden nun die verschiedenen Armtechniken ausgeführt. Gleichzeitig kann dies in den verschiedenen Ständen geübt werden. Weiterhin sind auch Drehungen oder ganze Sequenzen einer Kata möglich.

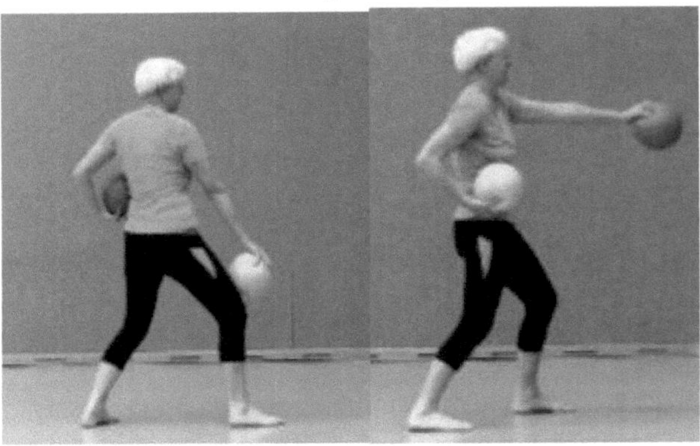

Übung T-5: Ausfallschritt mit Armtechniken

Auch diese Übung kann vielfältig variiert werden. Durch den Ausfallschritt nach vorn (wechselseitig) wird die Beinmuskulatur gekräftigt. Gleichzeitig erfolgt eine Armtechnik, bevor dann das Bein wieder zurückgezogen wird.

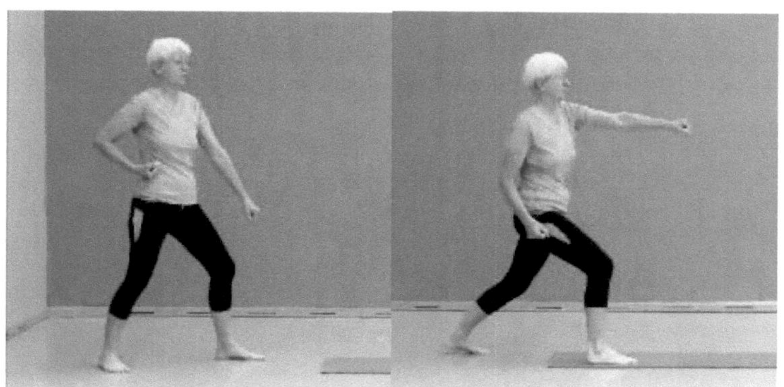

Zukis

Übung Z-1: Zukis mit Partner

Um die Treffergenauigkeit zu schulen, ist im Karate in der Regel ein Partner notwendig, um bspw. ein Pratzentraining zu absolvieren. Da Pratzen meist für ein Seniorentraining nicht vorhanden sind und ein Risiko der Verletzung des Partners vermieden werden soll, verwendeten wir ein Airex Balance Pad, das der Partner hält. So kann auch das Distanzgefühl für den Zuki geschult werden.

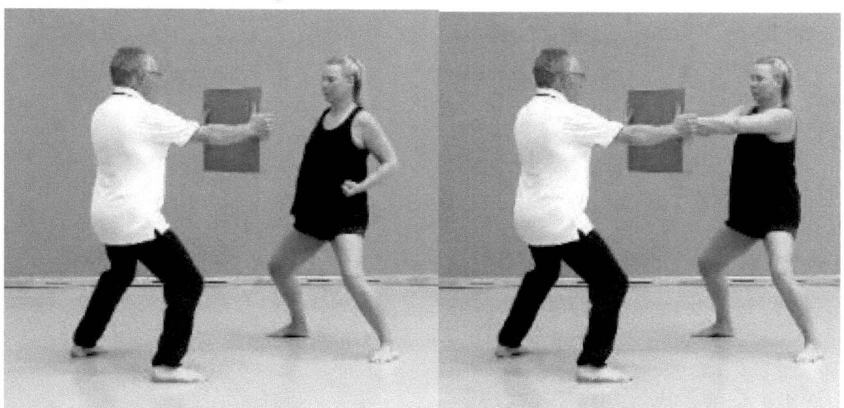

Übung Z-2: Zukis an Stangen

Eine weitere Möglichkeit das Distanzgefühl bei Zukis zu üben, stellen Stangen dar. Der Teilnehmer stellt sich, je nach Aufgabenstellung, in die entsprechende Entfernung hinter die Stange. Beispielsweise könnte die Aufgabe sein, zwei Oi-Zukis auszuführen, wobei der zweite Zuki so nah wie möglich zur Stange ausgeführt werden soll, ohne diese jedoch zu treffen. Entsprechend müssen die Teilnehmer selbst einschätzen, welche Entfernung sie wählen. Bei mehrmaligem Wiederholen kann korrigiert werden. Generell ist es auch möglich, dass mehrere Teilnehmer an einer Stange trainieren.

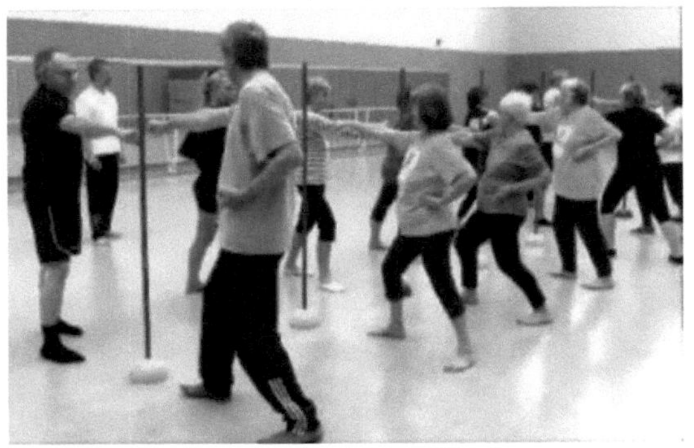

Übung Z-3: Zukis mit Gymnastikbällen

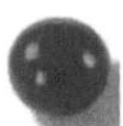
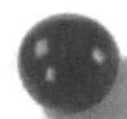

Diese Übung legt ihr Hauptaugenmerk auf die Koordination von Arm- und Beinbewegungen. Im Vorwärtsgehen (oder Rückwärtsgehen) werden Oi-Zukis oder Gyaku-Zukis Jodan bzw. Chudan durchgeführt. Dabei hält jede Hand einen Gymnastikball.

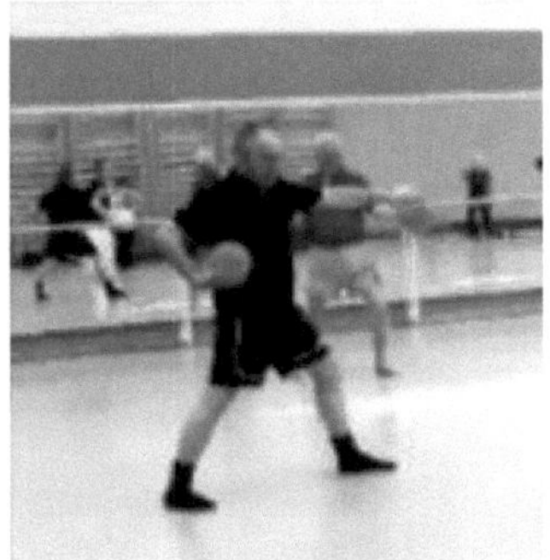

Übung Z-4: Zukis auf Pezziball

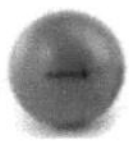

Diese Übung soll dazu dienen, die Schnelligkeit von Zukis zu trainieren. Auf eine korrekte Technikausführung kommt es weniger an. Wichtig dabei ist, dass es einen Widerstand gibt, also nicht in die Luft „geschlagen" wird. Wir verwendeten hierfür einen Pezziball. Dieser liegt auf dem Boden, am besten gegen eine Wand gelehnt. Der Teilnehmer steht vor dem Pezziball im Kiba-Dachi und führt die Zukis nach unten direkt auf den Pezziball aus. Die Zeit richtet sich danach was trainiert werden soll: (5-6)

Sekunden für Schnelligkeit und darüber hinaus Schnelligkeitsausdauer. Mehr als 30 Sekunden sollten es aber nicht sein.

Übung Z-5: Zuki mit Partner

Das Üben des Oi-Zukis im Vorwärtsgehen im ZK kann auch mit einem Partner absolviert werden. Dabei sollten die Bewegungen möglichst synchron erfolgen. Diese Übung kann vielfältig variiert werden:

- Rückwärtsgehen
- Andere Armtechniken: Gyaku-Zuki, Age-Uke, Soto-Uke, Uchi-Uke,
- Shuto-Uke im Kokutsu-Dachi

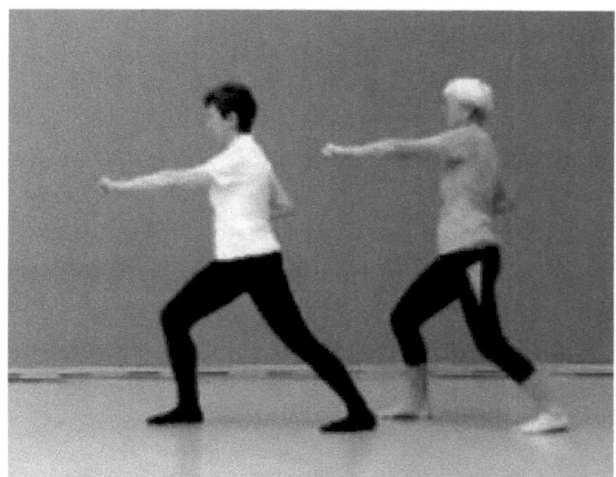

Übung Z-6: Gyaku-Zuki mit Gymnastikball und Partner

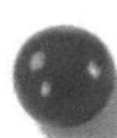

Diese Übung scheint auf den ersten Blick nichts mit dem tatsächlichen Gyaku-Zuki zu tun zu haben. Uns war es wichtig Folgendes zu üben: Stand im Zenkutsu-Dachi mit Hüftbewegung für den Gyaku-Zuki. Zunächst stehen sich beide Partner im ZK (linkes Bein vorn) gegenüber. Die Übungsaufgabe besteht darin, dass ein Partner den Ball mit der rechten Hand zunächst in Hüfthöhe hält, ihn zum Partner hinbewegt und den Ball dem Partner in seine rechte Hand übergibt. Die Bewegung der Ballübergabe an den gegenüberstehenden Partner erfolgt langsam, so dass die notwendige Hüftbewegung bewusst ausgeführt werden kann. Nach ca. 10 Wiederholungen werden die Seiten gewechselt.

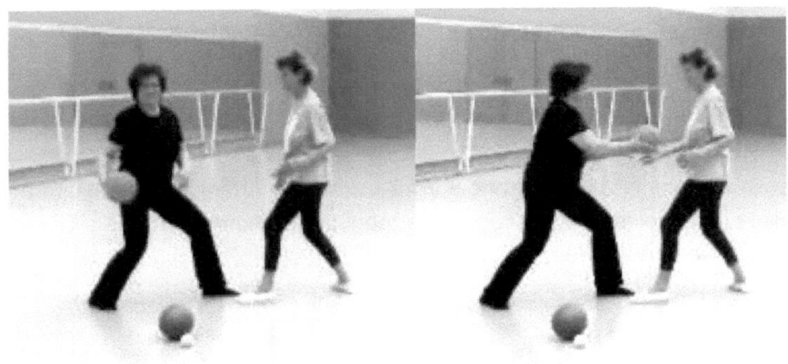

Übung Z-7: Gyaku-Zuki mit Gruppendynamik

Bei dieser Übung geht es einerseits um das Üben des Gyaku-Zukis, aber auch darum, dass der Bewegung der Partner ausreichend Aufmerksamkeit geschenkt wird. Es werden mindestens drei Teilnehmer benötigt. Zwei Teilnehmer stellen sich im Zenkutsu-Dachi hintereinander auf, bspw. beide Teilnehmer mit dem linken Bein vorn, und haben die (rechte) Faust vorn (Endposition des Gyaku-Zuki). Der dritte Teilnehmer stellt sich senkrecht zur gedachten Linie genauso hin wie die beiden Partner, aber er befindet sich außerhalb der gedachten Linie. Nur seine Gyaku-Faust ist vor der gedachten Verbindungslinie der beiden Partner positioniert. Nach einem Signal gehen alle Teilnehmer im ZK einen Schritt nach vorn. Dabei sollte der dritte Partner die Verbindungslinie zwischen den anderen beiden unbeschadet durchqueren.

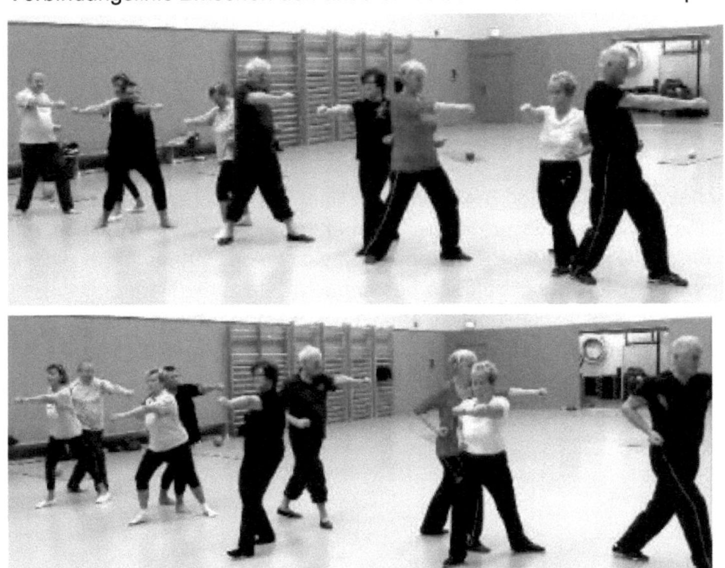

Age-Uke (AU)

Übung AU-1: Age-Uke mit Kurzhanteln im Kiba-Dachi

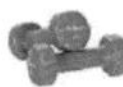

Diese Übung ist als Techniktraining gedacht, dient aber auch der Ganzkörperkräftigung. Die Übung wird im Kiba-Dachi ausgeführt. Jede Hand hält eine Kurzhantel. Abwechselnd wird der Age-Uke möglichst langsam ausgeführt, wodurch auf die korrekte Technik geachtet werden kann.

Übung AU-2: Age-Uke auf Bosuball

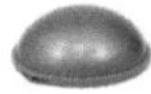

Bei dieser Übung wird sowohl der Age-Uke, aber gleichzeitig auch das Gleichgewicht trainiert. Der Teilnehmer steht vor dem Bosuball, alternativ kann auch ein Airex Balance Pad oder Ähnliches verwendet werden. Er steigt auf den Bosuball, führt einen Age-Uke mit links und einen mit rechts aus und steigt vorwärts oder rückwärts wieder ab.

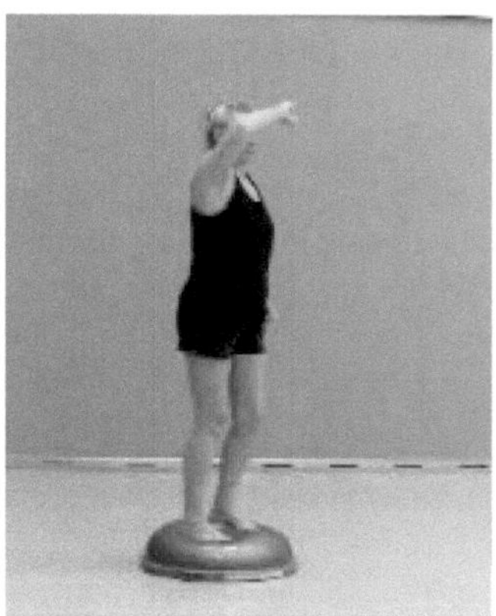

Übung AU-3: Age-Uke auf Steppbrett mit Drehung

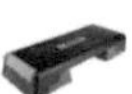

Eine weitere Herausforderung ist die Technikausführung bei gleichzeitiger Drehung auf dem Steppbrett. Hierzu steht das Steppbrett quer vor dem Teilnehmer. Dieser steigt auf das Brett bspw. mit dem linken Fuß zuerst und beginnt mit dem Age-Uke links. Wenn der zweite Fuß auf das Brett gesetzt wird, dreht sich der Teilnehmer um 180° und steigt rückwärts vom Brett ab (mit dem rechten Fuß zuerst). Dabei erfolgt der zweite Age-Uke rechts. Es wird dann ein Schritt rückwärts gesetzt.

Mae-Geri (MG)

Übung MG1: Mae-Geri über Hindernis

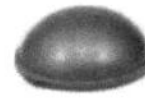
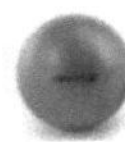

Um den Mae-Geri dahingehend zu trainieren, dass das Knie mit angezogenem Unterschenkel zuerst angehoben wird, bevor die eigentliche Trittbewegung oder Schnappbewegung erfolgt, kann man verschiedene Hilfsmittel einsetzen.

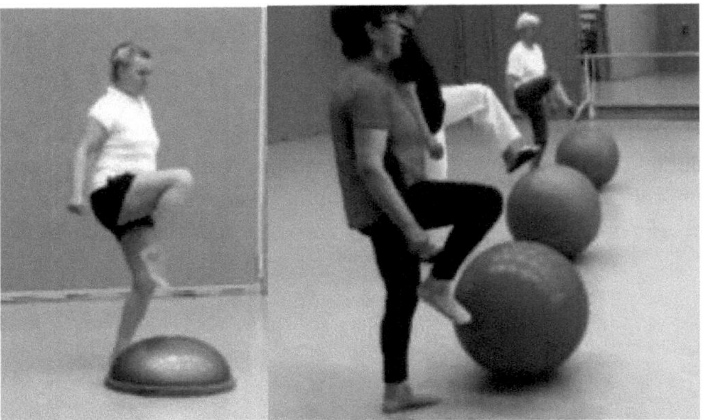

Wir nutzen einen Bosuball oder auch einen Pezziball, der vor dem Teilnehmer platziert wird. Aufgabe ist es nun, den Tritt über den Ball auszuführen. Je dichter man am Pezziball oder Bosuball steht, umso schwieriger ist es. Wer es sich trotzdem nicht zutraut, kann zunächst direkt neben dem Ball üben.

Übung MG-2: Mae-Geri auf dem Steppbrett

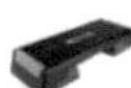

Das Steppbrett steht etwas seitlich (links) längs vor dem Teilnehmer. Der Teilnehmer steigt auf das Steppbrett mit dem linken Fuß und führt rechts einen Mae-Geri aus. Dann kann vorwärts oder rückwärts wieder vom Brett abgestiegen werden. Die etwas seitliche Positionierung des Brettes soll dazu dienen, dass der Tritt hüftbreit ausgeführt wird, um auch das Gleichgewicht zu halten.

Übung MG-3: Mae-Geri und gleichzeitiges Ballprellen

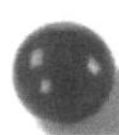

Diese Übung erfordert hohe Aufmerksamkeit. Ein Gymnastikball wird vor dem Körper mit einer Hand auf den Boden geprellt. Gleichzeitig wird versucht, mit dem, der prellenden Hand abgewandtem, Bein einen Mae-Geri auszuführen. Nach mehreren Wiederholungen wird die Seite gewechselt.

Übung MG-4: Mae-Geri und gleichzeitiges Armstrecken

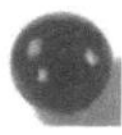

Diese Übung erfordert, ebenso wie die Übung MG-3, hohe Aufmerksamkeit hinsichtlich der Arm-Bein-Koordination. Mit beiden Händen wird ein Gymnastikball vor der Brust gehalten. Während des Ausführens des Mae-Geris erfolgt beidseitig eine Armstreckung, so dass der Ball in der Endposition des Mae-Geri weit vom Körper gehalten wird. Beim Zurückziehen des Beines wird auch der Ball wieder zur Brust bewegt. Eine weitere Herausforderung stellt die Ausführung auf einem Airex Balance Pad dar.

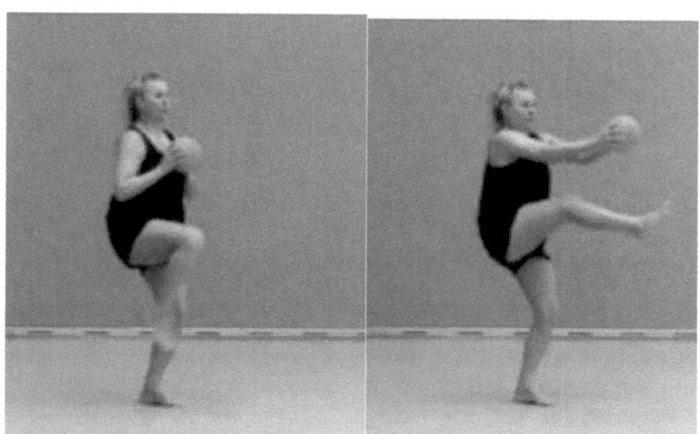

Übung MG-5: Mae-Geri mit Ball unter Bein

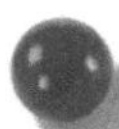

Es wird der Mae-Geri ausgeführt. Während des Beinstreckens wird nun versucht einen Gymnastikball unter dem Bein von einer Hand in die andere zu geben. Wichtig ist, dass der Oberkörper dabei möglichst nicht nach vorn gebeugt wird. Durch diese Ballübergabe soll erreicht werden, dass der Mae-Geri verlangsamt ausgeführt wird und damit auch ein entsprechendes Muskeltraining erfolgt. Die Mae-Geris erfolgen abwechselnd links und rechts.

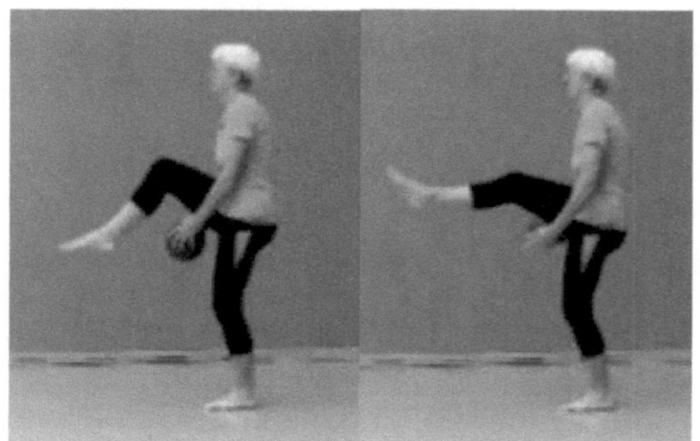

Literaturverzeichnis

Brach, M., Schott, N. (2003). Motorisches Lernen im Alter. In: Mechling H., Munzert, J. (Hrsg.) Handbuch Bewegungswissenschaft – Bewegungslehre. Verlag Hofmann Schorndorf, S. 461-474

Chase, J. A. D. (2013). Physical activity interventions among older adults: A literature review. Research Theory Nursing Practice, 27(1), 53–80.

Colcombe, S. J., Erickson, K. I., Scalf, P. E., Kim, J. S., Prakash, R., McAuley, E., et al. (2006). Aerobic exercise training increases brain volume in aging humans. Journal of Gerontology: MEDICAL SCIENCES, 61A(11), 1166–1170.

Dahmen-Zimmer, K. & Jansen, P. (2017). Karate and Dance Training to Improve Balance and Stabilize Mood in Patients with Parkinson's Disease: A Feasibility Study. Front. Med. 4:237. doi: 10.3389/fmed.2017.00237

Deutscher Karate Verband e. V. *Konzeption der sportlichen Betätigung von Älteren im Deutschen Karate Verband e.V.* https://www.karate.de/de/verband/ressorts/jukuren.php (Zugriff am 23.03.2020)

Emmermacher, P. & Witte, K. (2012). *Bewegung einmal anders – Sturzprophylaxe sowie Erhalt und Verbesserung von Lern- und Gedächtnisleistungen im Alter durch ostasiatische Kampfkunst.* Aachen: Shaker-Verlag

Godde, B., Voelcker-Rehage, C. und Olk, B. (2016). Einführung Gerontopsychologie. UTB-Band-Nr.: 4567. München: Ernst Reinhardt, GmbH & Co KG, Verlag

Grune, T. (2014). Alterungsprozesse und Neurodegeneration. Ein Überblick. Wiesbaden: Springer Fachmedien

Grupp, J. (2002). Shotokan Karate. Training, Technik, Prüfung. Aachen. 3., überarb. Auflage. Meyer und Meyer Verlag

Huang, Y. and Liu, X. (2015). Improvement of balance control ability and flexibility in the elderly Tai-Chi Chuan (TCC) practitioners: A systematic review and meta analysis. Archives of Gerontology and Geriatrics, 60, 233

Jansen, P., Dahmen-Zimmer, K. (2012). Effects of cognitive, motor, and karate training on cognitive functioning and emotional well-being of elderly people. Front Psychol. 2012; 3:40

Janson, R. (2019). *Effizientes Karate für Ü50. Zurück zu den Wurzeln des Karate-Do.* Band 1. BoD – Books on Demand, Norderstedt

Kolassa, I.-T., Glöckner, F., Leirer, V., & Diener, C. (2010). Neuronale Plastizität bei gesundem und pathologischem Altern. In N. Schott & J. Munzert (Hrsg.), Motorische Entwicklung (S. 41–65). Göttingen: Hogrefe-Verlag.

Li, F. (2014). The effects of Tai Ji Quan training on limits of stability in older adults. Clinical Interventions in Aging, 9, 1261-1268

Neumann, K. (2015). Sturz- und demenzpräventive Wirkung von Karate-, Motorik- und Kognitionstrainings bei geriatrischen Patienten unter Berücksichtigung der emotionalen Befindlichkeit und der gesundheitlichen Lebensqualität. Unv. Dissertation, Universität Regensburg

Nöpel, F. & Nienhaus, M. (2009). Jukuren: Kampfkunst der Erfahrenen. Books on Demand

Pflüger, A. (2004). 27 Shotokan Katas. Niedernhausen/Ts: Falken-Verlag

Pliske, G., Emmermacher, P., Bandow, N., Piatek, S., Weinbeer, V., & Witte, K. (2017). Influence of age-related karate training on gait variability under dual-task conditions – a controlled study. ARC Journal of Research in Sports Medicine, 2(1), 34–42.

Pliske, G., Emmermacher, P., Weinbeer, V., & Witte, K. (2015). Changes in dual-task performance after 5 months of karate and fitness training for older adults to enhance fall prevention. Aging Clinical and Experimental Research, 28(6), 1179–1186. 7 https://doi.org/10.1007/s40520-015-0508-z.

Pohlmann, St. (Hrsg.) (2016). Alter und Prävention. Wiesbaden: Springer Fachmedien

Rensing, L. & Rippe, V. (2014). *Altern. Zelluläre und molekulare Grundlagen, körperliche Veränderungen und Erkrankungen, Therapieansätze*. Berlin, Heidelberg: Springer Verlag

Richter, K., Greiff, Ch. und Weidemann-Wendt, N. (2017). Der ältere Mensch in der Physiotherapie. Berlin, Heidelberg: Springer-Verlag

Tischer, U., Bock, O., & Hartmann-Tews, I. (2011). Altersstereotype und motorische Fähigkeiten im Alter. The Inquisitive Mind. 7 http://de.in-mind.org/article/altersstereotype-und-motorische-faehigkeiten-im-alter. Zugegriffen: 26. Jan. 2018.

Wagner, H.J. (2009). Einfluss eines kombinierten Koordinations-und Krafttrainings auf der Basis von Karate auf Sturzrisiko, Kognition und Lebensqualität bei älteren Menschen. Unveröffentlichte Dissertation, TU München

Witte, K. (2018a). Grundlagen der Sportmotorik im Bachelorstudium (Band 1). Berlin: Springer Spektrum

Witte, K. (2018b). Ausgewählte Themen der Sportmotorik für das weiterführende Studium (Band 2). Berlin: Springer Spektrum

Witte, K., Emmermacher, P., & Pliske, G. (2017). Improvement of balance and general physical fitness in older adults by karate: A randomized controlled trial. Complementary Medicine Research, 24(6), 390–393. 7 https://doi.org/10.1159/000479151.

Witte, K., Kropf, S., Darius, S., Emmermacher, P., & Böckelmann, I. (2016). Comparing the effectiveness of karate and fitness training on cognitive functioning in older adults - a randomized controlled trial. Journal of Sport and Health Science 5, 4, 484-490. Available online. http://dx.doi.org/10.1016/j.jshs.2015.09.006